学/者/文/库/系/列

运动性心理疲劳测量与评价

武欣然 著

哈尔滨工程大学出版社
Harbin Engineering University Press

内容简介

本书系统探讨运动情境中普遍存在的心理疲劳现象，及其对运动员身心健康与竞技表现的影响。从心理疲劳的基本概念与特征出发，深入分析其成因、影响机制及应对措施。重点阐述了心理疲劳的综合测量与评价方法，并剖析了任务特性、环境因素、个体差异及项目特征等关键因素的影响机制。同时，结合竞技运动实践，介绍了心理疲劳的实用测量、长期干预策略及监测技术在训练设计中的应用，为相关领域的研究者、从业者及运动员提供理论支撑与实践指导。

图书在版编目(CIP)数据

运动性心理疲劳测量与评价 / 武欣然著. -- 哈尔滨 : 哈尔滨工程大学出版社, 2025. 5. -- ISBN 978-7-5661-4806-3

Ⅰ. G804.8

中国国家版本馆 CIP 数据核字第 2025AV6407 号

运动性心理疲劳测量与评价
YUNDONGXING XINLI PILAO CELIANG YU PINGJIA

选题策划　史大伟
责任编辑　刘思凡
封面设计　李海波

出版发行　哈尔滨工程大学出版社
社　　址　哈尔滨市南岗区南通大街 145 号
邮政编码　150001
电　　话　0451-82519989
经　　销　新华书店
印　　刷　哈尔滨午阳印刷有限公司
开　　本　787 mm×1 092 mm　1/16
印　　张　11
字　　数　227 千字
版　　次　2025 年 5 月第 1 版
印　　次　2025 年 5 月第 1 次印刷
书　　号　ISBN 978-7-5661-4806-3
定　　价　55.00 元

http://www.hrbeupress.com
E-mail:heupress@hrbeu.edu.cn

前　言

运动性心理疲劳是运动情境中的一种常见现象,会对运动员的心理健康和运动表现产生不利影响。预防和干预运动性心理疲劳是一项复杂且长期的系统工程。本书从心理疲劳的基本概念出发,深入分析了运动性心理疲劳的特征、成因、影响机制以及应对措施,重点阐述了其测量与评价方法。

本书先介绍了心理疲劳的基本定义,详细描述了运动性心理疲劳的特征。随后探讨了心理疲劳的成因与影响机制,以及它与生理疲劳的关系。在理论阐释方面,书中提出了资源保存理论、认知控制理论、动机系统理论及认知负荷理论,为理解心理疲劳提供了多维度的视角。在认知视角方面,分析了注意力资源的分配与耗损机制、记忆负荷与信息处理模型,以及心理疲劳对认知功能和决策与判断的影响。此外,还详细介绍了心理疲劳的测量方法,包括主观报告、量表评估、行为测量、生理指标监测及脑电与成像技术的应用等。在评价方法方面则介绍了主观量表评价、客观实验评估策略、生理反馈监测评价,以及数据融合技术在心理疲劳综合评价中的应用。在影响机制方面,探讨了任务特征、环境因素、个体差异及运动项目类型对心理疲劳的影响。同时还介绍了运动性心理疲劳的应用研究,包括竞技运动中的心理疲劳测量、运动员长期训练中的疲劳干预,以及心理疲劳监测技术在训练设计中的应用。这些内容不仅为运动心理学研究者和实践者提供了理论支持,也为运动员和教练提供了较实用的理论和方法。

本书适合运动心理学、运动训练学、体育教育等领域的专业人士阅读,也适合对心理疲劳现象感兴趣的广大读者阅读。通过阅读本书,读者可以更深入地理解心理疲劳的复杂性,以及如何在运动实践中有效管理和缓解心理疲劳。

著　者

2025 年 3 月

目　　录

第一章　心理疲劳的概念与内涵

第一节　心理疲劳的基本定义

一、心理疲劳的心理学视角

心理疲劳是指个体在长期或高强度的心理负荷下，产生的身心疲惫、情绪低落及思维迟缓等综合性的负面心理状态。这一状态涉及复杂的心理过程和情绪体验，其核心机制在于认知资源在高强度或长时间的心理活动中被过度消耗，而未能得到及时或充分恢复。这种恢复失衡不仅不利于注意力的维持，还会削弱更高层次的认知功能，如信息处理效率、思维灵活性和决策准确性。随着认知资源的减少，个体的认知能力逐渐下降，表现为复杂任务执行效率的降低，以及日常事务应对能力的减弱。例如，在高压的工作环境中，持续专注地工作会导致个体难以维持高效表现，同时伴随情绪波动与对外界刺激敏感性的增加。

从理论层面看，心理疲劳可被视为一种适应性机制。通过疲劳反应，个体得到关于过度认知资源消耗的警示，从而避免因长期高压状态而引发更严重的心理问题。然而，当心理疲劳程度超出一定阈值时，应对机制可能失效，导致认知功能全面受损。在认知心理学的视角下，心理疲劳常被视为认知负荷的副产物，尤其是在复杂或多任务情境中尤为显著。例如，长期面临决策压力会导致决策时间延长、错误率升高，这与疲劳导致的信息处理速度减缓和认知资源匮乏密切相关。

情绪调节在心理疲劳的形成过程中起关键作用。当个体情绪调节能力较弱时，长期压力下负面情绪的累积会阻碍认知资源的调动，加剧心理疲劳。反之，积极的情绪调节策略，如通过积极的情绪体验缓解压力，可适度减轻心理疲劳。情绪与认知的交互作用复杂，体现为在情绪低谷时，认知系统运转效率下降、注意力分散、思维条理性降低。这种反馈机制可能导致心理疲劳的恶性循环，使个体难以迅速恢复精力。

外部环境因素同样影响心理疲劳的形式，包括工作环境和社会支持等方面。孤立或缺乏支持的环境会加重心理疲劳，而良好的社会支持系统和和谐的工作氛围则可提供心理缓冲，促进认知状态的恢复，符合自我效能理论。当个体感受到外界的认可与支持时，认知资源的恢复速度便会加快，心理疲劳减轻。此外，物理环境的设计也直接影响着心理疲劳的形成。嘈杂、拥挤或不舒适的工作空间会增加额外认知负荷，削弱认知功能，加重心理疲劳。

动机水平在短期内可缓解心理疲劳的负面影响。高动机水平能够帮助个体在认知资源消耗的情况下维持较高的任务完成度。然而，这种效应并非是无限制的。随着时间的推移，动机水平的波动与认知资源的逐步消耗会导致心理疲劳的积累。尤其在高期望与低回报的情境中，动机衰减往往伴随着心理疲劳感的显著增强，这反映了个体对资源管理的不足及外界激励机制的不匹配。

二、心理疲劳的生理学基础

心理疲劳的生理学基础涵盖多层次的复杂机制，包括大脑神经活动、内分泌调节及能量代谢系统的共同作用。在认知任务中，神经元通过持续活动消耗葡萄糖和氧气，这些是神经系统高效运作的基本能量来源。当个体长时间处于高认知负荷状态时，能量需求增加，若供给不足，神经元功能可能出现暂时性衰退。大脑的前额皮质作为高级认知功能的核心区域，被认为是心理疲劳的主要发源地之一。前额皮质在调控注意力、工作记忆和决策中发挥着重要作用，当其能量供给受限时，个体认知效率下降，心理疲劳感增强。

神经递质是神经元信号传递过程的关键化学物质，不同类型的神经递质对认知和情绪的调节有不同影响。其中，多巴胺和5-羟色胺（血清素）与心理疲劳关系密切。多巴胺在维持动机水平和情绪稳定方面至关重要，当其水平下降或相关功能受损时，个体可能表现为动机缺乏和情绪低落，心理疲劳随之加重。5-羟色胺主要参与对情绪的调节，其水平低下常与焦虑和抑郁等情绪障碍相关，而负面情绪又会进一步加剧心理疲劳。虽然通过调节神经递质水平可以短暂缓解心理疲劳，但长期认知负荷会导致神经递质持续消耗，加剧心理疲劳。

内分泌系统通过激素分泌调节应激反应。皮质醇作为一种应激激素，在压力情境中由肾上腺分泌，可在短期内帮助身体应对外部挑战。然而，持续高水平的皮质醇会对大脑，特别是海马区（与学习和记忆密切相关）产生不利影响。长期高皮质醇状态可能损伤海马神经元，导致认知功能衰退，并增加心理疲劳的严重程度。慢性应激与皮质醇过量分泌相关，长期处于高压环境中的个体，常伴有显著的心理疲劳及情绪失调、认知功能下降等问题。

此外，大脑在复杂认知任务中需要大量能量，这些能量通过葡萄糖氧化代谢产生三磷酸腺（ATP），为神经元提供必要支持。当代谢系统无法满足需求时，神经元活跃度便会下降，心理疲劳随之加剧。长期能量不足不仅会影响认知效率，还可能损害大脑结构，导致神经元丢失及整体功能下降。

心理疲劳还与免疫系统功能密切相关。持续的心理疲劳可能会削弱免疫调节能力，表现为免疫反应减弱和炎症因子增加。长期疲劳可能提高感染风险并延缓恢复速度。研究表明，心理压力较大和心理疲劳状态下炎症反应活跃，炎症因子如细胞因子会干扰大脑神经活动,进而加重心理疲劳,同时会对神经递质系统造成负面影响,进一步削弱认知功能。

睡眠不足是心理疲劳的重要诱因。在睡眠期间,身体通过神经化学物质平衡和神经元修复等机制恢复能量。长期心理疲劳往往伴随睡眠障碍,影响睡眠质量和时长,导致恢复过程受阻,从而加重心理疲劳。失眠或浅表性睡眠常与多巴胺和5-羟色胺水平的失衡相关,进而影响个体的情绪调节能力和认知功能。

三、心理疲劳与行为表现

心理疲劳在行为层面上的表现是心理状态转化为外部可见行为的过程。长期或高强度的心理活动会影响个体的任务执行效率、反应速度、注意力集中度和动机水平,从而导致行为模式的改变。处于高强度认知负荷下时,个体常表现为反应迟缓、错误增多,甚至对任务产生疏离或回避,这不仅反映了认知资源的消耗,也揭示了大脑在进行信息处理和决策时负荷过重。

心理疲劳的一个典型特征是注意力分散和执行能力的下降,具体表现为个体个处理复杂任务时无法持续集中注意力,容易受外界干扰或内在情绪波动的影响。在日常工作和生活中,心理疲劳表现为个体对认知任务的处理效率下降,在面对需要集中注意力或复杂思维的任务时,往往反应变慢或思路中断。这背后是大脑认知资源的逐渐耗尽,导致其无法维持高效的任务处理能力。高负荷的工作长期消耗认知资源,使得个体在需要高度集中注意力的情境中无法精确处理信息,进而导致判断失误、决策失误、反应延迟和记忆暂时性失效,影响工作或学习质量。

动机衰减是心理疲劳的典型特征之一。长期面对高强度任务时,随着认知资源的消耗,个体完成任务的内在驱动力逐渐减弱,表现为对任务的兴趣丧失、对未来成就的预期降低,甚至对任务表现出情感冷漠。动机水平的下降不仅影响个体的工作表现,还可能蔓延至社交行为,使个体显得疏远、冷淡,甚至回避社交场合。

长期的心理疲劳还会影响个体的情绪调节能力,进一步加剧消极行为表现。情绪波动加剧常导致个体对外界事件的反应变得敏感和不稳定,常见表现包括情绪爆发、焦虑加剧和情绪低落。这些变化不仅影响个体与他人的互动,也直接影响其工作效率和任务完成度。负面情绪往往削弱个体的自我调节能力,使其难以通过有效的策略恢复认知资源,进而陷入心理疲劳感与情绪波动的恶性循环。

尽管心理疲劳常表现为负面行为,但个体的自我调节能力较强时,通常能通过合理的认知资源分配和调控,有效应对心理疲劳的影响。例如,设定合理的目标、适时休息和积极的情绪调节策略可以减轻心理疲劳对任务执行的负面影响,保持较高的任务完成度。而自我调节能力较弱的个体则容易受到心理疲劳的全面压制,表现为对任务产生抵触情绪、情绪失控和应对压力的能力下降。因此,个体的行为表现不仅取决于心理疲劳的强度，还与其调节心理状态的能力密切相关。

此外，工作环境的舒适度、任务分配的合理性及外部支持的强度，也会影响个体在心理疲劳状态下的行为表现。比如，在紧张、缺乏支持的环境中，心理疲劳的影响会被放大，表现为个体对任务的疏离感增强、应对压的能力下降。相反，在轻松且有社会支持的环境中，个体能够更好地缓解疲劳，恢复认知资源，从而改善行为表现。长期的外部压力，如不公平的工作条件和过重的工作负担，会使心理疲劳的行为表现更加显著，不仅影响个体的任务执行，还可能使个体在日常生活中表现出反应延迟和情绪波动。

四、心理疲劳的个体差异性

个体在面对相同或相似的任务时，心理疲劳的产生、强度和恢复速度存在显著差异，这不仅反映出个体的生理与心理特质，还反映出个体的这些方面会受到其生活方式、经验积累和环境因素的深刻影响。生理特征和心理特质的差异是导致个体差异性的关键因素。

某些个体具有较强的生理耐受能力，其神经系统对长期认知负荷的适应性较强，能够在疲劳状态下保持较高的工作效率。相反，某些个体由于神经系统的易损性或代谢功能的限制，容易较早出现心理疲劳，表现为注意力涣散、情绪波动和动机水平下降等。从心理特质角度来看，情绪稳定性、自控力和应对压力的能力对心理疲劳的产生有重要影响。情绪稳定的个体在长时间任务或高强度工作中，能更有效地应对外部压力和内心波动，减少认知资源消耗，表现出较高的耐疲劳能力。而情绪波动较大的个体，往往因情绪调节能力不足而在较短时间内感受到疲惫，从而影响其行为表现和决策能力。自控力较强的个体则能更好地管理认知资源，合理安排任务节奏，避免过早出现心理疲劳。

个体的经验背景和生活方式在心理疲劳的体验中扮演重要角色。长期从事需要高强度认知活动的个体，由于积累了有效的应对策略，通常在面对高负荷任务时能够更好地分配认知资源，避免其迅速耗竭，这样不仅能提高效率，还能加速疲劳后的恢复。缺乏相关经验的个体则可能在同样任务下更快消耗认知资源，导致疲劳感迅速产生。

生活方式的因素，如睡眠质量、饮食习惯和运动水平，会深刻致心理疲劳的个体差异。充足的睡眠有助于神经系统修复和神经递质平衡，保持良好睡眠的个体在执行任务时认知灵活性较高，能够延缓心理疲劳的产生。而睡眠不足或睡眠质量较差的个体，由于神经系统未能充分恢复，容易出现认知功能下降和情绪失调，进而导致心理疲劳加重。饮食和运动则通过影响能量代谢和整体健康，间接影响心理疲劳的产生和恢复过程。健康饮食为大脑提供所需的葡萄糖等营养物质，支撑认知活动；经常运动的个体，代谢系统功能较为健全，能更好地应对长时间的认知负荷。

个体差异还体现在恢复速度和效果上。有些人在经历心理疲劳后，通过短暂的休息或积极的情绪调节能迅速恢复；而另一些人则需要更长时间来恢复。有效的恢复策略，如放松训练、愉悦活动和正念冥想，能帮助个体快速恢复认知资源，恢复认知功能。相反，缺乏有效恢复手段或心理调节策略的个体，恢复较慢，甚至可能导致长期疲劳积累，影响工作和生活质量。

工作环境、社会支持系统和任务负荷的合理性是影响心理疲劳的关键因素。良好的工作环境和人际支持能减轻个体的心理负担，降低对心理疲劳的感知；而高压、激烈竞争或不合理的任务分配则会加剧心理疲劳，甚至导致个体出现回避任务的倾向。

此外，年龄也是影响心理疲劳的因素之一。年轻人通常具备较高的认知灵活性和恢复能力，能够快速从疲劳状态中恢复，展现出较强的耐疲劳性。随着年龄的增长，神经系统的可塑性和恢复能力逐渐下降，心理疲劳的产生速度加快，恢复时间延长，同时应对复杂任务的能力也随之下降，表现出显著的个体差异。

第二节　运动性心理疲劳的特征描述

一、运动性心理疲劳的持久性特征

运动性心理疲劳的持久性特征是指在长期或高强度的训练与比赛中，个体经历持续的心理疲劳状态，且难以在短期内恢复。这种疲劳状态常见于运动员在连续高强度训练、频繁比赛或长时间专注地完成任务中。认知资源的持续消耗会对运动员的认知功能、情绪调节和动机水平产生深远影响，导致疲劳难以迅速缓解，形成持久的心理负担。持久性心理疲劳不仅影响运动员的即时表现，还可能延续到赛后恢复期，甚至影响运动员的日常生活和后续训练。

在高负荷的训练或比赛中，运动员不仅需要调动身体资源进行身体训练，还需要调配认知资源保持高度专注，应对瞬息万变的竞争环境。长时间的双重负荷加剧了认知资源的消耗，导致运动员注意力分散、决策能力下降、情绪波动等，进而影响运动表现。持续的高压环境使得运动员的认知资源难以迅速补充，从而形成长期的心理疲劳状态，削弱即时表现，并可能在未来的训练与比赛中再次引发疲劳反应，形成恶性循环。

持久的心理疲劳不仅使认知资源过度消耗，还会严重影响运动员的自我调节能力。长期处于心理疲劳状态时，运动员在任务执行中常表现为失去动力、兴趣减退和行动迟缓。尽管具备一定的调节手段和策略，但部分运动员仍然难以在长期心理疲劳中恢复，这也导致心理恢复速度缓慢，甚至需要更长时间的休息或心理干预才能恢复认知和情绪功能。心理疲劳状态不仅影响运动员的训练与比赛表现，还可能波及运动员的社交行为、休闲活动和整体生活质量。

随着运动强度的提高，神经系统中的能量供应逐渐减少，神经递质水平失衡，特别是多巴胺和5-羟色胺等与注意力和情绪调节相关的神经递质水平下降，使得心理疲劳进一步加剧。这时，大脑皮层的认知控制能力下降，认知资源的管理能力减弱，个体陷入疲劳的恶性循环之中。个体差异也在此过程中起到重要作用，运动员的心理耐受度、恢复能力以及认知资源使用效率各不相同。有经验的运动员通常能通过合理的资源调配延缓疲劳状态，而缺乏应对策略的运动员则容易在高强度运动中快速耗尽认知资源，导致疲劳感难以消退。

运动性心理疲劳的持久性特征还与外部环境的支持程度密切相关。积极、支持性强的训练环境能为运动员提供合理的训练安排和有效的情绪疏导，帮助其认知资源恢复，降低心理疲劳的持久性。相反，缺乏支持的环境会加剧认知资源的消耗，导致心理疲劳状态持久，甚至可能影响运动员的心理健康和运动生涯。此外，运动员的心理准备状况也会影响疲劳的持久性。充分的心理准备能减少焦虑，保持平静，延缓认知资源的消耗，减轻心理疲劳。而缺乏心理准备则容易产生焦虑和紧张感，增加认知资源的消耗，延长恢复过程。

运动性心理疲劳的持久性特征直接影响运动员的恢复能力。不同运动员在高强度运动后的心理恢复速度差异较大。一些运动员能通过休息、放松训练或心理调节策略迅速恢复，而另一些运动员则需要较长时间才能完全恢复。有效的心理恢复策略，如正念训练、情绪调节技术和放松技巧，能够显著缩短心理疲劳持续时间，帮助运动员恢复到最佳状态。缺乏有效恢复手段的运动员，往往在高强度训练后长期处于心理疲劳状态，这会影响后续的训练质量和比赛表现。

二、运动性心理疲劳的累积性趋势

运动性心理疲劳的累积性趋势是一种在长时间和高强度的训练及比赛中逐渐加剧的现象。这种心理疲劳不仅是短期认知资源的消耗，而且会随着时间推移逐步加深，表现出心理负荷加重、认知功能受损、动机水平下降和情绪调节能力减弱等一系列心理和行为变化。如果运动训练或比赛后未能合理安排心理干预，则将使疲劳感逐渐积累，进而影响运动员的整体表现和身体健康。

累积性心理疲劳的产生并非是瞬间发生的，而是在多次运动或训练后，认知资源未能充分恢复的结果。运动负荷的量和强度是其核心驱动因素。长期高强度的运动不仅会加重运动员生理系统的负担，而且会消耗其大量的认知资源。当身体进入疲劳状态时，心理系统会尽力补偿以维持表现，短期内可能有效，但长期维持这一状态会导致认知资源的逐渐消耗。随着心理疲劳的积累，个体的专注力下降、决策变慢,情绪变得更加脆弱和敏感。这使得运动员不仅在训练或比赛中表现不佳,还可能产生过度训练综合征,表现出运动损伤和免疫功能下降等生理问题。

累积性心理疲劳的显著特点之一是隐蔽性。在早期,运动员可能未明显感受到心理疲劳的积累,因为在高强度训练或比赛中,身体和心理都在努力应对任务。然而,随着时间推移,认知资源逐步消耗,会表现为注意力下降、任务执行变慢、情绪低落或挫败,甚至在休息时也难以彻底放松。由于其隐蔽性,运动员和教练往往未能及时察觉问题,导致心理疲劳在未来的训练和比赛中持续加剧。累积性心理疲劳的形成与运动员的恢复能力密切相关。恢复能力指的是运动员在高强度运动后迅速恢复认知资源的能力。通过合理的休息安排、放松训练、心理干预和营养补充,运动员可以减缓心理疲劳的累积速度,甚至逆转这一过程。如果恢复不充分,则心理疲劳状态会逐渐积累,影响长期健康和运动表现。

恢复手段如放松技术和正念训练,有助于缓解心理压力,提升认知资源储备,避免长运动员时间处于高负荷压力下。合理的训练计划应平衡生理负荷与心理负荷,避免过度训练导致认知资源快速消耗,同时也避免低强度训练导致竞技状态不足。在某些情况下,为提高竞技水平,教练可能会加大训练负荷,但若忽视运动员的恢复需求,则可能导致其心理疲劳的长期积累,最终影响比赛表现。

有效的训练计划不仅要关注运动员生理负荷,还应考虑运动员的心理负担,确保其在提升运动水平的同时避免过度消耗认知资源。累积性心理疲劳的趋势还受到个体差异的影响。不同运动员面对相同负荷时,心理耐受度、恢复速度和认知资源管理能力存在显著差异。心理调节能力较强的运动员能够更有效地管理认知资源,迅速恢复并减轻心理疲劳影响。而心理调节能力较弱的运动员则更易积累心理疲劳,在长期训练中可能出现认知资源的过度耗竭的现象。运动经验、情绪调控、应对压力的方式及生活习惯等也在累积性心理疲劳的形成中发挥着关键作用。

外部因素如社会支持、训练环境和个人生活方式等对累积性心理疲劳也有重要影响。积极的社会支持有助于缓解心理压力,减缓心理疲劳积累;而竞争压力、不良训练环境等因素则会加重心理负担,导致心理疲劳的产生。合理的生活习惯,如充足的睡眠、健康饮食和适当的休闲活动,有助于维持认知资源的平衡,防止心理疲劳过度积累。

累积性心理疲劳的影响不仅限于心理层面,还会对生理健康产生深远影响。随着心理疲劳的积累,免疫功能下降的风险增加,运动员更容易出现感染、运动损伤和肌肉疲劳等问题。长期处于心理疲劳状态下的运动员,可能会出现过度训练综合征,表现为运动表现下降、心理负担加重及生理机能全面下降。心理疲劳不仅影响运动员的短期表现,还可能对运动员的职业生涯造成不可逆转的影响。

三、运动性心理疲劳的波动性规律

运动性心理疲劳的波动性规律体现了个体在运动过程中,心理疲劳感随时间变化的复杂性。这种变化不仅仅是疲劳的积累与恢复相互交替,更会受到生理节律、情绪状态、训练负荷、外界刺激及个体恢复能力等多重因素的综合影响。心理疲劳并非线性递增或递减的,而是在特定条件下呈现周期性波动的。了解这一规律对于运动员优化训练计划、提高竞技表现及预防疲劳的累积效应具有重要意义。

运动性心理疲劳的波动性与个体的生理节律密切相关。生理节律影响个体在一天中不同时间的心理状态,如早晨和下午由于激素水平的波动,疲劳感有所不同。皮质醇和褪黑激素的分泌受昼夜节律的调控,直接影响个体的能量水平、情绪状态和心理恢复能力。清晨,皮质醇水平较高,有助于提高警觉性和专注力,心理疲劳较轻;随着时间的推移,皮质醇水平下降,褪黑激素增加,疲劳感增强,特别在傍晚时分,高强度训练会加剧认知资源消耗,导致更强的疲劳感产生。

情绪状态是影响心理疲劳波动的重要因素。正向情绪,如兴奋和愉悦感,有助于缓心理疲劳,提升运动员的心理韧性,使其更好地应对压力和负荷。相反,负向情绪,如焦虑和沮丧,尤其在遭遇失败或挫折时,会加速心理疲劳的产生,增大心理疲劳波动的幅度。因此,情绪调节成为管理心理疲劳波动的重要手段。运动员可通过正念训练、自我暗示和社交支持等策略,保持情绪稳定,从而减缓心理疲劳的波动的状态。

训练负荷的变化也是影响心理疲劳波动的关键因素。在高负荷训练时,心理疲劳增长较快,尤其在训练强度突然增加时,心理负担剧增。相反,在恢复期或训练负荷减轻时,心理疲劳逐渐缓解。训练与恢复的交替使心理疲劳呈现周期性变化。对于长期高强度训练或竞赛的运动员来说,若恢复计划安排得不合理,心理疲劳波动幅度可能会加大,进而影响运动表现,并可能导致长期的心理倦怠或心理疾病。合理安排训练周期与恢复期,有助于平稳心理疲劳波动,维持运动员的整体状态。

不同运动员在面对相同训练负荷时,心理疲劳的感知强度及其波动性差异显著。这不仅与生理特征(如年龄、性别和身体状态)有关,还涉及心理特质(如抗压能力和自我调节能力)。具有较强心理耐受性的运动员,能够通过有效的心理调节减少疲劳波动,保持较为稳定的心理状态。经验丰富的运动员通常能更好地管理认知资源,应对突发的情绪或生理变化,从而减缓心理疲劳波动。

恢复策略对心理疲劳波动性有重要影响。适当的恢复手段,如放松训练、正念训练、社交互动和健康生活方式等,能够有效减缓心理疲劳波动,帮助运动员在疲劳期后迅速恢复认知资源。恢复不足或过度训练则可能加剧心理疲劳波动,导致心理疲劳持续积累，影响长期心理健康。

此外，环境因素如气候条件、场地设施和社交氛围等，也会影响运动员的心理状态，进而引发心理疲劳波动。在极端天气条件下进行高强度训练，运动员的心理负荷会增加，导致心理疲劳的剧烈波动。相反，舒适的训练环境则有助于减轻疲劳感，提升运动员的专注力和情绪状态。同时，运动员从教练、队友和家人等处获得的社会支持，能够为其提供情感上的帮助，使其更好地调节认知资源，平稳度过心疲劳波动期。

四、运动性心理疲劳的可逆性潜力

运动性心理疲劳的可逆性潜力指的是通过科学的干预和调整措施，运动员能够减缓或逆转心理疲劳的过程。作为一种动态状态，心理疲劳的发展并非不可控。适时采取有效的干预和调整措施能够显著缓解甚至完全消除心理疲劳状态。这一特性表明，运动性心理疲劳并非单向恶化的过程，而是可以通过一系列干预和调整手段进行扭转，从而使运动员在心理疲劳达到临界点之前获得恢复的。

在长期高强度训练中，运动员的认知资源逐渐消耗，若不及时补充和管理，心理疲劳会持续加剧。认知资源管理的关键在于个体能否有效感知并调控自身的心理状态。增强自我意识并提升自我反思能力，是管理认知资源的重要途径。通过敏锐感知心理疲劳状态，运动员可以调整训练负荷或采取有效的心理恢复策略，避免过度心理疲劳而影响整体表现。尤其是情绪调节能力的提升，能够有效预防负面情绪的累积，减缓心理疲劳的发展。

高自我激励水平的运动员通常具有更强的内驱在力，能在面对心理疲劳时保持较强的抗疲劳能力。通过设定适当的短期目标或激励措施，他们能克服暂时的疲劳感，促进心理恢复。这种恢复不仅依赖于时间的流逝，还需多维度的干预措施进行认知资源有效补充的。合理的休息不仅有助于身体恢复，还能减轻心理负担。过度关注比赛和加强训练则可能导致心理负担持续存在，因此运动员应通过转移注意力等方式，在休息时释放心理压力。放松训练，如渐进性肌肉放松和深呼吸技术，能够有效减轻心理紧张，促进认知资源恢复。

营养补充也对心理恢复具有重要作用。均衡的饮食和适当的营养补给能维持大脑最佳功能，防止心理疲劳加剧。某些特定营养元素，如维生素B、镁、ω-3脂肪酸等，已被证明对神经递质平衡和大脑健康有重要促进作用，有助于心理恢复。

不同的运动员因心理特质、运动经验和生活习惯的差异，在应对心理疲劳方面的能力也各不相同。心理特质如韧性、压力承受能力和情绪稳定性，直接影响心理疲劳的可逆性。高韧性的运动员通常能更有效地通过自我调节克服疲劳，迅速恢复心理状态。而情绪波动较大的运动员则可能需要更的长时间才能摆脱心理疲劳的负面影响。经验丰富的运动员掌握更多的心理应对策略，能准确判断疲劳程度和恢复时机,避免心理疲劳的进一步加重。生活习惯如良好的睡眠质量、规律的作息和个人兴趣爱好,也对心理恢复具有重要作用有助于增强心理韧性。

心理调节技巧的运用,进一步增强了心理疲劳的可逆性。正念训练和认知行为疗法等心理干预手段,已被广泛应用于运动员的心理恢复。正念训练能够帮助运动员保持专注、减轻负面情绪的反应,并通过专注于当下减轻心理负担。认知行为疗法则通过调整运动员的认知模式,帮助他们重新评估自身能力和外界压力,从而避免负面情绪的产生,增强心理疲劳的可逆性。此外,社交支持也是心理恢复的重要因素。教练、队友和家人等的情感支持,能为运动员提供心理缓冲,帮助他们更好地应对心理压力,加速心理恢复。

第三节 心理疲劳的成因与影响机制

一、心理疲劳的内在心理成因

对心理疲劳的内在成因可从认知、情绪和动机等多个维度进行探讨,其表现为个体在长期或高强度任务下心理状态逐渐耗竭。认知资源的持续投入要求个体长时间集中注意力,这种高度专注会逐渐消耗大脑的认知资源。当个体持续从事高要求的任务时,认知资源便难以快速恢复,从而导致心理疲劳的积累。随着疲劳的加剧,个体在任务中的表现可能变差,反应速度变慢,错误率上升。工作记忆负荷加重也会加剧心理疲劳。工作记忆是指个体在进行任务时维持和处理信息的能力,当信息量过大或任务过于复杂时,工作记忆负荷加重。若这种负荷得不到缓解,大脑的处理能力将受到限制,个体会感到精疲力竭。信息处理速度的下降也是心理疲劳的表现之一,面对复杂任务或信息流的快速变化时,个体需要不断筛选信息并做出决策,长时间、高强度的信息处理会降低大脑运转效率,从而加剧心理疲劳。

个体的情绪状态是直接影响认知资源消耗并产生疲劳感的主观体验。负面情绪,如焦虑、抑郁和压力感,往往加重心理负担,加剧认知资源的消耗。长期处于焦虑状态的个体,大脑持续处于高度紧张的状态,认知负荷就会进一步加剧,心理疲劳也随之加重。情绪调节能力在缓解或加剧心理疲劳方面起着决定性作用,能够有效调节情绪的个体,在面对高压情境时,能够通过适时干预减轻心理负担,避免心理疲劳迅速积累,而情绪调节能力较差的个体,往往在压力面前感到无助,负面情绪的长期积累会加速认知资源的耗竭。持续心理的疲劳状态和频繁的情绪波动通常会加剧心理疲劳,这与大脑长期处于情绪应激状态密切相关。相反,积极的情绪,如愉悦感和满足感,能在情感层面为个体提供恢复能量,帮助大脑重新清醒起来,延缓心理疲劳的进程。

动机因素对心理疲劳的影响主要体现在个体对任务的投入程度和坚持意愿上。动机水平决定了个体在任务中投入的认知资源量。高动机水平下,个体通常能够保持较长时间的专注力,即使面对高负荷的任务也不容易感到倦怠;而动机不足时,个体容易在任务中迅速感到疲惫。当个体对任务失去兴趣或认为任务无意义时,对认知资源的投入减少,工作效率下降,疲劳感加剧。动机不仅仅是任务目标的外部驱动力,它还与个体的自我效能感密切相关。自我效能感是个体对自己能够完成任务的信心。较高的自我效能感能够提升个体对任务的掌控感,使其积极投入任务,减轻疲劳感。而自我效能感较低的个体在面对任务时往往感到挑战过大,压力增加,进而加剧认知资源的消耗。任务的自我归因方式也影响心理疲劳产生的因素之一。如果个体倾向于将任务失败归因于自身缺陷,内心的无助感和失望感会逐渐积累,导致心理疲劳加重。相反,能够将任务困难视为成长机会的个体,则能更好地保持心理平衡,减缓疲劳。

此外,心理特质如坚韧性和乐观性等,也在管理认知资源方面发挥着重要作用。具备这些特质的个体通常在面对复杂任务时,不容易产生过重的心理负担,反而能够通过积极的自我激励调节心理状态,延缓心理疲劳的出现。坚韧的个体在面对挫折和挑战时能够保持心理上的平静,并通过有效的应对策略逐步克服困难。坚韧性不仅体现在对外部压力的适应能力上,还体现在个体对内部认知资源的调节能力上。坚韧的个体能够在心理疲劳初期通过自我调节避免心疲劳的进一步蔓延。乐观性作为一种积极的心理特质,对心理疲劳有显著的缓解作用。乐观的个体倾向于在任务中发现积极的方面,通过情绪调节为大脑提供能量,防止负面情绪的侵蚀,从而延缓心理疲劳的发展。

二、心理疲劳的外部环境因素

心理疲劳的外部环境因素在心理疲劳形成与演变的过程中涉及任务特性、工作环境和社会支持等多个方面。任务特性是心理疲劳外部环境中至关重要的因素,任务的难度、复杂性、持续时间及反馈机制的设计,均会直接或间接影响心理疲劳的产生及其强度。高难度任务通常要求个体持续动员大量认知资源以应对挑战,任务复杂性增大时,个体需要处理的信息量和决策难度也相应提升,对认知资源的需求随之增加,从而加重心理负荷。任务持续时间的延长同样显著影响心理疲劳的积累,尤其是当任务无法在短时间内完成或需要反复执行时,个体的认知资源与情绪资源持续消耗,且恢复间隙有限,进而加剧心理疲劳。除了难度和持续性外,任务反馈的频率也是影响心理疲劳的重要外部因素。及时反馈能够帮助个体调整策略、确认进展或进行纠错,而反馈不足或延迟则会引发个体的不确定感和挫败感,进而加重心理疲劳。相反,及时有效的反馈机制能够提升个体对任务的掌控感,减轻心理压力和心理疲劳。

工作环境中的噪声、光线、温度湿度和空间布局等因素，也对个体的心理疲劳强度产生直接影响。高噪声环境会干扰注意力，使个体无法高效完成任务，增加认知负担；光线不足或过强都会引发视觉疲劳，影响个体的心理状态；而不适宜的温度湿度条件则可能导致生理不适，进一步削弱个体的专注力及应对能力。此外，工作场所的空间布局同样影响心理疲劳的累积。拥挤的空间往往会让个体感到压迫与不适，增加心理负担，而过于空旷的环境则可能使个体感到孤独和缺乏支持。理想的工作环境应具备合理的空间布局、适当的噪声控制、适宜的温度、湿度，以及舒适的光线，从而有助于维持较好的心理状态并减缓认知资源的消耗。

除了物理环境，工作中的社会氛围和人际关系也对心理疲劳的产生有着深远影响。领导风格在此过程中尤为重要。独裁式的领导风格通常会增大员工的压力，削弱其自主权和心理安全感，从而加速心理疲劳的产生。而开放型、支持型的领导能够通过鼓励沟通和赋予员工决策空间，使员工在面对任务挑战时感受到更多的信任与支持，进而减轻其心理疲劳。同事间的人际关系同样在心理疲劳的累积中起到调节作用。一个充满合作精神、互助氛围的团队能够在日常工作中为成员提供心理支持和情感依托，帮助他们应对压力，避免心理负担过度集中于个人身上。相反，竞争激烈、冲突频发的工作环境会增大个体的心理压力，使其不仅要应对任务本身的挑战，还要承受人际关系不良带来的额外压力，这种双重负荷极易导致心理疲劳迅速累积。

社会支持是影响心理疲劳的关键因素之一，来自家庭、朋友或同事的支持可以为个体提供心理缓冲，增强其心理复原力。社会支持有助于分担心理压力，为个体提供情感支持，并增强个体应对问题的信心。当个体感受到来自周围环境的正向支持时，他们便会更容易保持心理上的平衡，从而在面对高负荷工作时不至于快速耗尽认知资源。缺乏社会支持或处于社会孤立状态的个体在面临挑战时，往往容易感到无助和孤立，负面情绪积累加剧，导致心理疲劳加重且难以恢复。在工作场所中，团队之间的支持与合作、领导的关注与认可，以及组织内部的文化氛围，都能对个体的心理状态产生积极影响，从而缓解心理疲劳的累积。

文化差异和工作制度也是社会因素中对心理疲劳产生深刻影响的重要方面。在高压力的文化背景下，个体往往被期望承担更多责任和工作，长期处于高压工作环境中使得心理疲劳变得难以避免。相比之下，在注重工作、生活平衡的文化中，个体有更多的机会通过适当休息与恢复机制保持认知资源的充盈，从而降低心理疲劳的发生率。高强度的加班文化、严格的绩效考核制度、频繁的任务调整及不合理的任务分配，则会增大个体的心理压力，使心理疲劳加剧。科学合理的工作制度，尤其是提供充足的休息时间、合理的工作安排和弹性的任务管理，能够有效减轻个体在工作中的负担，延缓心理疲劳的发生。

三、心理疲劳的生理机制解析

心理疲劳的生理机制是一个复杂的过程,涉及神经系统、内分泌系统和代谢过程等多个生理系统和生理过程的相互作用。大脑是心理疲劳的重要控制中心,神经递质在这一过程中发挥着关键作用。神经递质,如多巴胺、5-羟色胺和去甲肾上腺素等,负责调节情绪、动机、注意力和认知功能。当这些神经递质的水平发生变化时,个体的心理状态也会受到影响,进而导致心理疲劳强度的变化。

多巴胺是一种与奖励和愉悦感密切相关的神经递质,参与情绪调节和动机驱动。在心理疲劳状态下,多巴胺的分泌往往会减少,导致个体对活动的兴趣降低,情绪出现低落。5-羟色胺也与情绪调节密切相关,其水平下降常伴随着抑郁和焦虑的情绪,进一步加剧心理疲劳。去甲肾上腺素在应对压力和维持注意力方面起着重要作用。当个体经历持续的心理压力时,去甲肾上腺素的释放可能受到抑制,从而导致注意力下降和认知效率降低。这些神经递质之间相互作用,形成一种反馈机制,使得个体在经历高负荷心理活动后,生理变化反过来影响其情绪和认知能力,最终导致恶性循环。

皮质醇是主要的应激激素,短期内有助于调节机体的应激反应,但长期的压力状态会导致皮质醇水平持续升高,进而对大脑功能产生不利影响。过量分泌的皮质醇不仅会抑制神经元的生成和存活,还会干扰神经递质的正常功能,导致记忆力下降、学习能力减退及情绪不稳定。长期的高皮质醇水平被认为是导致心理疲劳的重要生理基础之一。

长时间的脑力或体力活动会导致能量消耗的增加,尤其是在大脑活动强度高时,能量需求显著上升。尽管大脑在身体质量中所占的比例较小,但其能量消耗约占全身总能量消耗的20%。当能量供应不足时,大脑的功能受到影响,表现为注意力分散、决策能力下降和反应迟缓,从而加重心理疲劳。能量代谢的紊乱与心理疲劳有着密切的关系,因此维持充足的能量供应对于预防心理疲劳至关重要。

大脑对氧气的需求极为旺盛,氧气不足会直接影响其正常功能。在心理疲劳状态下,血液循环不畅,可能导致大脑氧气供应不足,从而加剧心理疲劳。氧气不足不仅会影响神经细胞的能量生成,还会导致代谢产物的积累,对细胞产生毒性,进一步恶化心理状态。

睡眠质量与心理疲劳的生理机制密切相关。睡眠不足或睡眠质量差都会导致生理激素的失调,尤其是影响皮质醇和生长激素的分泌。睡眠不足使大脑无法有效清除代谢废物,导致神经递质功能障碍,进一步加剧心理疲劳的症状。长期的睡眠剥夺不仅影响情绪和认知能力,还在生理上加剧心理疲劳的积累,形成恶性循环。

心理疲劳的生理机制还与个体的生活习惯和健康状况密切相关。营养不良、缺乏运动和长期的精神压力等因素都可能干扰生理系统的正常运作,从而加重心理疲劳。营养的摄入对神经递质的合成和激素的分泌至关重要,尤其是碳水化合物、脂肪酸和氨基酸等营养物质摄入不足,会直接影响大脑的能量供应和神经传导功能。

四、心理疲劳的认知神经机制

心理疲劳的认知神经机制涉及复杂的神经生物学过程,涵盖多个大脑区域和神经网络的相互作用。前额叶皮层是执行功能的核心区域,负责决策、计划、注意力控制等高级认知活动。长时间的脑力劳动会导致前额叶皮层的神经元过度激活,进而使其功能逐渐下降。这不仅影响个体的注意力集中能力和信息处理能力,还会提高决策过程中的错误率,最终使个体感到疲劳和无力。因此,了解前额叶皮层的状态是理解心理疲劳的关键,任何导致其功能障碍的因素都会加剧心理疲劳。

海马体作为大脑的重要结构,主要承担记忆形成和信息编码的职能。心理疲劳可能显著影响海马体的功能,导致记忆力和学习效率的下降。在心理疲劳状态下,海马体的神经活动受到抑制,尤其是在信息需要被编码和提取的关键时刻。这种抑制表现为新信息处理速度的减缓、长期记忆的提取困难及学习新任务时产生障碍。海马体功能受损使个体在经历心理疲劳后常常感到记忆力减退,从而加剧心理疲劳。

默认模式网络(default mode network,DMN)是一个在休息状态下活跃、在进行认知任务时被抑制的网络,包含内侧前额叶皮层、后扣带皮层和海马体等区域,参与自我相关思维和内部反思。心理疲劳的产生常伴随着默认模式网络的异常激活,导致个体在执行认知任务时表现受损。当个体长时间处于高强度认知负荷下时,默认模式网络可能无法有效抑制,从而出现注意力分散、思维模糊等现象,特别是在高压环境中尤为明显。此时,个体在任务中表现得疲惫不堪,思维的灵活性和创造性受到抑制,从而进一步加重心理疲劳。

在神经生物学层面,心理疲劳的认知神经机制与神经递质的变化密切相关。多巴胺、5-羟色胺、去甲肾上腺素等神经递质在情绪调节、动机提升和注意力集中方面发挥着重要作用。当个体处于长时间的认知任务之中时,这些神经递质的水平会发生波动,进而影响大脑的正常功能。多巴胺在奖励和愉悦感中的作用尤其显著,当其水平下降时,个体对任务的兴趣和动机会显著减弱,进而加剧心理疲劳。去甲肾上腺素负责提高注意力和警觉性,当其水平不足时,个体会出现更为明显的注意力不集中和认知疲劳。

心理疲劳的认知神经机制还涉及大脑内的神经炎症反应。长时间的心理负荷会导致神经细胞的代谢产物积累,引发炎症反应,这不仅影响神经细胞的功能,还抑制神经递质的合成和释放,从而进一步损害心理状态和认知功能。研究表明,炎症标志物水平的升高与心理疲劳的强度密切相关,这提示心理疲劳的发生不仅是神经活动的结果,还是大脑微环境变化的反映。

在这一机制中,情绪状态与认知功能之间存在着复杂的相互作用。负面情绪往往会导致认知资源的过度消耗,从而加剧心理疲劳。情绪调节能力较强的个体能够更有效地管理情绪,从而减轻心理疲劳。相反,情绪管理能力较弱的个体在面对压力和挑战时更容易感到疲惫,其认知能力和执行功能也会受到显著影响。生物节律也是影响心理疲劳的重要因素。人的生理状态在一天内经历不同的变化,生物节律的失调可能导致心理疲劳的加剧。例如,个体在前一个晚上熬夜工作或学习会打乱生物节律,影响睡眠质量,从而导致个体在第二天认知能力下降,形成生理和心理的双重负面影响,进一步加重心理疲劳。

第四节　心理疲劳与生理疲劳的关系

一、心理疲劳与生理疲劳的相互作用

心理疲劳与生理疲劳之间的关系复杂且多维,二者在个体的表现和功能上相互交织,形成动态的反馈机制。心理疲劳通常是指在长时间的认知活动中,由于认知资源的过度消耗而导致的精神疲惫,伴随情绪调节能力减弱、注意力集中困难和动机水平下降等症状。与此相比,生理疲劳则涉及身体层面的能量消耗和肌肉功能的下降,常伴随代谢废物的积累和生理机能的受损。二者在不同的活动和环境条件下共同作用,形成相互影响的局面。

心理疲劳显著影响个体对生理疲劳的感知。在高压状态下,个体的认知资源被过度消耗,导致其对生理疲劳的敏感性增强。心理疲劳的加重使得个体对生理疲劳而授的阈值降低,进而使其感觉到的疲劳程度加剧,影响其运动表现和日常活动的效率。例如,个体在运动中若觉得心理疲惫,更容易察觉到肌肉的酸痛和疲劳,从而导致其运动表现下降和运动意愿的减弱。

心理疲劳不仅会改变个体对生理疲劳的感知,还会改变其行为模式,从而影响其生理状态的恢复。经历心理疲劳的个体通常会表现出逃避或减少休息时间的行为,甚至可能因缺乏动机而推迟恢复活动,如睡眠或适度的锻炼。行为模式的改变可能进一步加重生理疲劳的积累,使身体在缺乏必要恢复的情况下持续处于疲惫状态。同时,心理疲劳的加重会导致个体忽视生理疲劳信号,未能及时采取适当的休息和恢复措施。长期持续下去,可能形成生理疲劳和心理疲劳的恶性循环。

当身体处于疲惫状态时，个体的心理耐力也会受到挑战，容易感到精神不振、情绪低落和动力不足，身体的疲劳感进一步加重了心理疲劳，形成二者的相互作用。生理疲劳可能导致个体的应激反应能力下降，使其在面对任务和挑战时更易感到无力和焦虑，从而加剧心理疲劳。

心理疲劳与生理疲劳的相互作用不仅影响个体的日常表现，还可能对其心理健康产生消极影响。在运动训练的情境中，心理疲劳和生理疲劳的交互作用尤为显著。运动员在高强度训练和比赛中常常会同时经历这两种疲劳，心理疲劳的加重可能使其对生理疲劳的感知更加敏感，进而影响其运动表现。例如，运动员虽然在生理上尚未达到极限，但因心理疲劳而选择提前退出或减少运动量，这不仅影响其整体训练效果，还可能导致其竞技水平的下降。生理疲劳的加剧同样会影响运动员的心理状态，降低其心理韧性和应对能力，进一步影响其在后续训练和比赛中的表现。

心理疲劳与生理疲劳的交互作用为干预和恢复策略的制定提供了新的视角。有效的恢复策略不仅应关注生理层面的调整与恢复，还应考虑心理层面的调整与恢复。增强个体的心理耐力、改善心理状态及采用科学的恢复技术，能够在一定程度上缓解心理疲劳的影响，从而促进生理状态的恢复。冥想、深呼吸、正念训练等心理调节方法可以帮助个体放松心情，减轻心理负担，增强其对生理疲劳的耐受力。

二、心理疲劳对生理疲劳的预测作用

心理疲劳在预测生理疲劳方面的作用，不仅体现为个体在高强度或长时间运动前的心理状态，还涉及心理疲劳的长期累积对生理功能的潜在影响。在剧烈体力活动开始之前，个体的心理状态（如焦虑、压力水平及情绪波动）能够为即将出现的生理疲劳提供重要的预测信号。当个体的心理疲劳水平较高时，往往会更早地在运动过程中达到生理疲劳的阈值，这一过程可通过多种机制进行解释。

首先，心理疲劳的增强会降低个体的心理耐力，进而导致其运动表现下降。心理疲劳通常伴随着认知功能的减弱和情绪调节能力的下降，使得个体在运动中缺乏动力和信心。心理状态的恶化影响了个体对运动的感知和反应，导致其在身体尚未达到真正的极限时便感到生理疲劳。对心理疲劳进行评估，可以有效预测个体在实际运动中可能遭遇的生理疲劳，这为教练和运动员调整训练计划和比赛策略提供了重要依据。

其次，心理疲劳与代谢率的下降密切相关。长期处于心理疲劳状态可能会导致代谢功能减弱，从而影响身体的能量供应。当个体长期处于心理疲劳状态时，身体往往会出现能量供应不足的情况，影响其运动表现和生理机能。心理疲劳的积累会使身体在运动过程中消耗更多的能量，使个体在进行高强度活动时会感到精力不足、肌肉疲劳加剧,这进一步验证了心理疲劳与生理疲劳之间的相互关系。

最后,心理疲劳对生理疲劳的预测作用还体现在慢性疲劳的累积效应上。长期的心理疲劳不仅影响个体短期的表现,还会其生理机能产生持续的负面影响,特别是在免疫系统方面。持续的压力和焦虑可导致免疫细胞生成量和功能的降低,降低机体对疾病和感染的抵抗力。免疫系统的低效能增加了生理疲劳产生的风险,使个体在运动训练和日常生活中感到更加疲惫。

心理疲劳的预测作用也为运动员的训练和恢复策略的制定提供了科学依据。通过定期监测个体的心理状态,教练和运动员可以及时识别潜在的心理疲劳问题,并采取相应的干预措施,如调整训练计划、增加休息时间及引入心理调节技巧,以减轻心理疲劳的影响。在运动训练中,合理的心理疏导和支持能够显著提升运动员的心理耐力,从而延缓生理疲劳的产生。综合的训练和恢复策略不仅能够提高运动员的运动表现,还能促进运动员的整体健康。

针对心理疲劳的早期识别和干预措施能够有效降低生理疲劳的发生率。通过科学的心理评估工具(如心理疲劳量表、情绪状态问卷等),教练和运动员可以及时识别出心理疲劳的迹象,进而采取预防措施。积极的心理调整策略,如放松训练和正念冥想,能够帮助运动员恢复认知资源,增强其对生理疲劳的耐受力。

在运动医学领域,关注心理疲劳与生理疲劳之间的相互关系,不仅有助于提高运动员运动表现,也能够为运动员的长期健康提供保障。长期的心理疲劳若未能得到有效管理,可能引发更为严重的健康问题,如慢性疲劳综合征、焦虑症和抑郁症等。科学地预测心理疲劳对生理疲劳的影响,有助于为个体的健康管理提供指导,使其在运动和日常生活中保持良好状态。

三、生理疲劳对心理疲劳的影响路径

生理疲劳对心理疲劳的影响路径涉及生理与心理之间的复杂交互机制。生理疲劳通常是指身体在经历过度运动、长期训练或生理应激后,表现出的肌肉疲惫、能量消耗和身体机能下降。这种生理疲劳不仅会影响生理状态,还会显著改变个体的心理体验和认知能力。生理疲劳是通过多种路径逐渐加剧心理疲劳的。

一个主要影响路径是生理疲劳通过直接降低大脑特定区域特别是前额叶皮层的活性来影响心理疲劳。该脑区在执行任务、注意力调节、计划能力和决策过程中发挥着核心作用。当个体经历生理疲劳时,前额叶皮层的功能受损,导致注意力分散、决策困难和计划能力减弱。在执行任务时,个体会感受到更大的心理压力和疲惫,这一状态会反馈到生理层面,进而形成恶性循环。生理疲劳所引起的心理负担使个体在面对复杂任务时更容易感到焦虑和无助,从而进一步加剧心理疲劳。

生理疲劳通常伴随着身体对休息和恢复的需求而增加。如果这些需求得不到满足,便会影响睡眠的质量和持续时间。缺乏足够的休息与恢复,个体会出现情绪波动、注意力不集中和认知功能下降等表现。长时间的生理疲劳与睡眠不足之间会具有密切联系。前者会降低睡眠质量,导致睡眠不足。研究表明,睡眠不足会显著降低个体的心理调节能力,导致情绪不稳定和认知负担加重,从而加速心理疲劳的发生。这说明,生理疲劳不仅会影响身体的恢复,还会通过降低睡眠质量间接加剧心理疲劳。

生理疲劳通过应激激素水平的变化影响心理疲劳的体验。身体在经历生理疲劳时,皮质醇等应激激素水平会显著上升。皮质醇的增加是身体应对压力的自然反应,但如果这种高水平持续存在,则会削弱个体的情绪调节能力。长期处于高皮质醇水平,则会使个体面临更大的情绪压力,降低其应对日常挑战和运动压力的能力。个体在压力环境中容易感到焦虑和疲惫,这通常是心理疲劳的直接表现。生理疲劳通过激素水平的变化影响个体的情绪状态,进而加剧心理疲劳。

此外,生理疲劳通过影响身体的能量代谢和生理机能,进一步加重心理疲劳。高强度或长期的体力活动会导致能量供应不足,使机体对外界刺激的敏感度下降。在这种状态下,个体容易感到疲惫,对日常事务的兴趣和动力显著降低。生理状态的恶化不仅降低了个体身体活动能力,还导致其情绪低落,进一步加剧心理疲劳。当身体未能得到及时恢复时,个体的生活积极性也会受到抑制,随之而来的是心态消极和情绪不稳定,从而形成生理疲劳与心理疲劳之间的恶性循环。

在社会环境中,生理疲劳还可能通过影响个体的社交能力和人际关系,进一步加剧心理疲劳。个体在经历生理疲劳时,往往感到无力和疲惫,从而回避社交互动。社交圈的缩小削弱了社会支持网络的作用,孤立感可能引发情绪挫折和焦虑。情感上的隔离与生理疲劳共同作用,进一步加重了个体的心理负担,加剧心理疲劳的形成。

四、心理疲劳与生理疲劳的协同管理策略

心理疲劳与生理疲劳的协同管理策略应建立在对二者关系的全面理解之上,综合应用多种心理和生理干预手段,以促进个体整体健康水平的提升。针对心理疲劳的干预,可通过认知行为疗法、压力管理技巧以及放松训练等方式进行,旨在增强个体对压力的适应能力,提高心理韧性,并降低心理疲劳的风险。认知行为疗法通过帮助个体识别并挑战消极思维来缓解焦虑和压力体验。在训练过程中,个体可以学习有效的应对策略,从而提升自我调节能力。此外,通过时间管理和目标设定等方法,个体能够合理规划工作与生活,减少不必要的心理负担。有效的放松训练(如深呼吸、冥想和渐进性肌肉放松)有助于个体在紧张环境中找到放松的空间,缓解心理紧张。此类练习不仅能够提高心理舒适度,还能通过促进副交感神经的活跃,改善生理状态。心理干预措施应与个体的生活方式和具体需求

相结合,以达到最佳效果。

在生理管理策略方面,科学的运动方案能够有效提升个体的身体耐力与恢复能力,减少生理疲劳的积累。例如,适度的有氧运动(如慢跑、游泳)有助于个体增强心肺功能,提高身体对疲劳的耐受性,而力量训练则能增强肌肉力量与耐力,帮助个体在高强度活动后更快恢复。合理的休息安排能确保身体在疲劳后得到充分恢复,以便在下一次活动中发挥最佳表现。良好的睡眠质量有助于个体的身体修复、能量恢复及保持情绪稳定。通过优化睡眠环境和养成规律作息习惯,个体可以显著提高睡眠质量,减少因睡眠不足而引发的心理疲劳和生理疲劳。均衡饮食和适当的营养补充也同样重要,能确保身体获得必要的营养素,促进生理功能的正常发挥,提升能量水平与精神状态。

在实施心理疲劳与生理疲劳的协同管理时,应根据个体的身体条件、心理特质、生活习惯和环境差异,制定个性化的干预方案,这样能够更有效地满足个体的具体需求。例如,青少年在成长过程中可能需要更多关注营养和运动,而老年人则应重点关注身体的恢复与保健。性别和健康状况等因素也应在制定管理策略时予以充分考虑。通过全面评估个体特征,制订合适的心理和生理管理计划,可以显著提高个体应对疲劳的能力,进而提升其工作效率与生活质量。

心理疲劳与生理疲劳的协同管理策略并非一成不变,而应根据个体的变化及外部环境的影响进行动态调整。在实施过程中,持续监测个体的疲劳状态与心理健康水平至关重要。定期评估与反馈可以帮助个体及时发现潜在的心理问题,调整应对策略,从而达到更好的管理效果。

第二章　运动性心理疲劳的理论阐释

第一节　资源保存理论与疲劳累积规律

一、资源保存理论的理论框架

资源保存理论由心理学家 Stevan Hobfoll 提出，他构建了一个用于理解个体在面对生活压力和挑战时如何管理和调节资源的理论模型。该模型强调，个体在应对压力和挑战时所经历的资源消耗与积累过程直接影响心理状态，其核心在于资源的平衡。具体而言，个体在以下三种情况下可能感受到压力：

1. 当前资源面临损失威胁；
2. 已经实际损失了现有资源；
3. 尽管付出了努力，但并未增加新的资源。

简言之，资源的损失和获取失败都可能导致压力反应，最终造成心理疲劳。模型中的“资源”被广泛定义为个体认为具有价值的事物，包括物质资源、条件资源、个体特征资源和能量资源。

物质资源包括汽车、房产和工作所需的工具等，其价值源自其固有的物理属性或个体身份、地位信息。条件资源包括婚姻、职位和资历等，其价值在于其对个体未来工作和生活的积极意义。个体特征资源指的是个体自身具备的有助于其应对压力的各种技能和特质，如高智商、自我效能感和乐观性格等。能量资源则包括时间、金钱和知识等，其价值在于它们能够帮助个体获取其他所需资源。

该理论模型的核心在于，资源损失对个体的负面影响远大于资源获得所带来的正面效应。这一不对称的心理反应模式意味着，当个体面临持续的资源损失却无法得到有效的补充时，发生心理疲劳的风险会显著增加。长期的工作压力可能导致个体在工作中感到精疲力竭，进而影响整体生活满意度和幸福感。尽管获得新资源能带来一定程度的积极影响，但其正面效应往往不足以弥补资源损失带来的负面影响。在面对多重压力源时，个体需更加注重对已有资源的保护与积累，以避免陷入持续心理疲劳状态。

在资源保存理论中，个体的资源管理能力被视为抵御心理疲劳的重要因素。个体需要根据自身资源状况灵活调整应对策略，以应对外部压力。在面对时间压力时，合理的时间管理和优先级设定可以有效减轻心理负担。此外，积极寻求社会支持也是一个关键策略。通过与他人交流与合作，个体可以获取情感支持和实际帮助，从而有效减轻资源损失的影响。社会支持在资源保存理论模型中占据重要地位，良好的人际关系不仅能够为个体提供情感慰藉，还能在个体面对挑战时提供实际的帮助和资源补充。

心理韧性使个体能够在压力和挑战中保持适应性，快速恢复并重新获得资源。拥有良好自我调节能力的个体，能有效管理情绪、控制冲动，从而避免因压力而引起的资源损失。经过系统训练的个体，在面对压力情境时，能够更好地识别情绪变化，适时采取放松或积极的应对措施，防止心理疲劳的累积。

资源保存理论不仅适用于个体层面，也为组织和社会层面的管理提供了指导。组织应关注员工的资源配置，通过改善工作环境、提供培训和发展机会、促进团队合作等方式，帮助员工积累和维护资源，从而降低其发生心理疲劳的风险。企业文化的建设同样重要，创建支持性和包容性的工作环境，能够增强员工的归属感和安全感，进而提高其工作的积极性和生产效率。

在实际应用中，资源保存理论为心理健康干预提供了理论支持。通过识别和评估个体的资源状况，专业人员可以设计针对性的心理干预方案，帮助个体有效地管理资源。例如，认知行为疗法可以帮助个体提高自我意识，培养积极的思维，从而增强其对资源的获取和管理能力。也可以将积极的心理学理念融入资源管理中，鼓励个体专注于自身优势和已有资源，通过积极的自我暗示和目标设定来提升自我效能感，进而减少心理疲劳的发生。

二、认知资源的消耗与恢复

认知资源的消耗与恢复是运动员在训练和比赛过程中所面临的生理与心理双重挑战的核心问题。运动员在高强度的训练和竞技过程中，不仅需要消耗大量的体力，还需要投入相应的精力。长期的高强度训练，尤其是需要极高的注意力的项目，常常导致认知能力下降。认知资源的耗竭通常表现为注意力不集中、反应速度减缓及决策能力下降。此外，运动员在比赛环境中所承受的压力和竞争也加剧了认知资源的消耗。在高压环境下，运动员不仅要应对外部竞争对手的挑战，还需管理自身的焦虑和紧张情绪，这些心理负担进一步消耗认知资源。有效的恢复策略有助于运动员恢复认知资源，保持认知与情绪的平衡。

充足的睡眠被认为是恢复认知资源的基石。睡眠不足会显著影响运动员的心理状态和运动表现，导致注意力、反应速度和记忆力等方面下降。睡眠不仅为身体恢复提供必要的时间，还为大脑功能的重组和信息整合创造了条件。经过良好的睡眠后，运动员能够更好地应对压力，提升运动表现。因此，保证高质量的睡眠至关重要。运动员应合理安排作息时间，避免赛前训练过度或熬夜，确保充足的休息。

除了睡眠,适当的放松训练也是恢复认知资源的重要方法。放松训练,如深呼吸、冥想和渐进性肌肉放松等方法,能够有效减轻生理和心理压力,帮助运动员放松身心,缓解由训练带来的疲劳,降低身体内的压力激素水平,进而改善情绪状态和提高专注力。放松训练还有助于运动员在比赛前保持良好的心理状态,增强自信心和动机,使其在高压环境中表现得更加出色。

运动过程中,身体不仅消耗能量,还会消耗多种微量元素和维生素,适当的营养补充能够为运动员提供必要的能量和营养素,帮助其身体恢复。富含 ω-3 脂肪酸的食物(如鱼类和坚果)有助于改善大脑功能,增强记忆力和注意力,而含有抗氧化成分的食物(如水果和蔬菜)则能够帮助减轻运动带来的氧化压力,从而提升运动后的恢复效果。运动员应关注自身饮食结构,合理搭配,确保营养的均衡摄入,以支持认知资源的恢复。

心理干预可以通过各种形式帮助运动员应对压力、焦虑和疲劳。心理训练、认知行为疗法和运动心理学咨询等方法,能够帮助运动员调整心态、设定合理的目标并提升自我效能感。通过心理干预,运动员可以更有效地应对训练和比赛中的压力,增强自我调节能力,从而在高强度的运动状态下保持心理平衡。良好的心理状态不仅有助于运动员提高运动表现,还能使其在面对挑战时保持持久的动力和激情。

在认知资源的管理中,不同运动员的心理承受能力、应对策略和恢复需求存在显著差异,因此,制定个性化的恢复方案至关重要。教练团队和运动心理学专家应根据运动员的具体情况,提供有针对性的恢复建议和支持。个性化的管理策略不仅能够增强恢复效果,还能够增强运动员的参与感和自主性,使其更愿意主动采取有效的恢复措施。

认知资源的消耗与恢复是一个动态的过程,深刻影响运动员的运动表现与心理健康。因此,制定系统的疲劳管理和恢复策略对运动员的长期发展至关重要。通过整合多种恢复方式,优化训练与恢复的节奏,运动员能够更好地应对运动带来的挑战,并提升自身的竞技水平。科学的恢复管理不仅能帮助运动员保持心理健康,还能使他们在长期的训练与比赛中保持积极心态,享受运动的乐趣并获得成就感。

三、疲劳累积的心理表现

疲劳累积的心理表现反映了个体在长期高强度运动或其他压力环境中的心理状态变化。这不仅会影响运动员的表现,还会对其整体心理健康产生深远影响。在面对高强度的训练和比赛时,运动员需要学会有效管理自身资源,合理安排恢复和休息,避免资源过度消耗,从而延缓疲劳的累积过程,保持高效的竞技状态和良好的心理健康。

在此过程中，认知功能下降常常成为疲劳累积的一个重要标志，会进一步影响运动员的运动表现和应对能力。认知功能下降体现在注意力不集中、记忆力减退、决策能力减弱等多个方面。首先，注意力不集中使运动员难以全神贯注于训练和比赛，导致任务执行中可能出现错误或错失关键时机。在需要快速反应的球类运动中，注意力分散可能导致运动员未能及时做出决策，从而影响比赛结果。其次，记忆力减退会影响运动员的训练效果，尤其是在战术和技能的记忆上，运动员难以回忆起之前的经验，会影响其在比赛中的应对能力。决策能力减弱则使运动员在复杂战术安排和瞬息万变的比赛环境中难以做出准确判断，增加失误的可能性。

疲劳累积不仅会影响认知功能，还会导致情绪状态的波动，常表现为易怒、焦虑和抑郁等负面情绪。高强度训练和比赛压力会使运动员在面对挫折时表现得更为脆弱，情绪波动的频率和强度随之增加。训练效果不如意或比赛失利时，运动员可能因无法控制情绪而表现出易怒或不安，这不仅影响其自身心理健康，也可能对队友和教练产生负面影响。若不稳定情绪长期未得到有效调适，可能发展为更严重的心理问题，如抑郁症或焦虑障碍，这不仅影响其竞技状态，还可能对日常生活造成困扰。

训练热情的下降是疲劳累积的另一种常见的心理表现，通常源于运动员对自身运动表现的不满、对训练效果的质疑，以及对目标的迷茫。长时间高强度训练后，运动员容易产生疲惫感和厌倦感，尤其是在训练效果不明显或竞争压力较大的情况下，动机水平显著降低。具体表现为运动员缺乏训练热情，无法全身心投入训练，训练质量下降，形成恶性循环。在重要比赛前，如果运动员的动机水平未能维持在最佳状态，其比赛斗志会受到影响，进而导致比赛表现不佳，甚至在比赛中表现消极，容易被对手轻易击败。

疲劳累积的心理表现还可能通过行为变化体现出来。由于生理疲劳和心理负担的增加，运动员在训练和比赛中的行为可能出现缺乏积极性、拖延训练任务或频繁缺席训练等变化。这些行为变化反映了运动员内心的疲惫和无力，可能影响团队氛围和训练效率。团队合作与默契是竞技运动的重要组成部分，个别运动员的消极行为可能会对整个团队的士气产生负面影响，进而加重其他成员的心理压力和不安定感。

应对疲劳累积的心理表现需要系统管理和调节。运动员应在训练和比赛前制定合理的目标，并保持适当的休息，避免过度疲劳。教练和心理咨询师可以为运动员提供必要的支持，帮助其调节心理状态，增强心理韧性，培养自我调节、自我激励和适应变化的能力。通过提升心理素质，运动员能够更好地应对训练和比赛中的压力，保持积极心态，并提高自我效能感，从而减轻心理疲劳的影响。在此过程中，来自教练、队友和家人的支持至关重要，他们可为运动员提供情感支持，帮助其更好地应对压力。运动员也可以通过参与社交活动和心理培训课程,增强与他人的互动,减轻孤独感,提升心理适应能力。运用综合性的方法来应对疲劳累积带来的心理影响,不仅有助于提升运动员的竞技表现,也能促进其心理健康的维持与发展。

四、疲劳累积的生理指标

疲劳累积的生理指标为评估个体生理状态提供了客观依据,反映了个体在持续压力和高强度训练下的生理反应。这些指标不仅包括心率变异性、皮质醇水平和睡眠质量,还与身体多个系统的相互作用密切相关,揭示了疲劳的复杂性和多维性。心率变异性(heart rate variability,HRV)是指心跳间隔的变化幅度,是衡量自主神经系统功能的关键指标,反映了交感神经与副交感神经的平衡状态。当个体处于放松状态时,HRV 通常较高,表明其具有良好的自我调节能力。相反,HRV 的下降通常预示着压力增加和疲劳累积。长期的高强度训练和持续的心理压力会导致 HRV 降低,从而影响身体的恢复能力(表 2-1)。

表 2-1　心率变异性与疲劳累积之间的关系示意表

心率变异性	疲劳状态	说明
高	无疲劳	自主神经系统平衡,具有良好的恢复能力
中	轻度疲劳	适度的压力,可能需要调整训练
低	严重疲劳	高压力状态,恢复能力受限

皮质醇是主要的应激激素,在应对压力和调节身体功能中发挥着关键作用。正常情况下,皮质醇的分泌遵循昼夜节律,早晨水平较高,夜间逐渐降低。然而,持续的心理和生理压力会导致皮质醇水平异常升高皮质醇长期升高与多种负面生理反应相关,包括免疫系统抑制、代谢紊乱及认知功能下降。皮质醇水平的变化与疲劳累积的关系可以通过式 2-1 表示:

$$\Delta C = C_{end} - C_{start} \tag{2-1}$$

式中,ΔC 是皮质醇水平的变化;C_{end} 是测量结束时的皮质醇水平;C_{start} 是测量开始时的皮质醇水平。$\Delta C>0$,表明皮质醇水平升高,与疲劳累积相对应。

睡眠质量直接影响个体的心理和生理状态。疲劳累积往往导致睡眠障碍,表现为入睡困难、觉醒次数增多及睡眠时间不足,进而影响个体的认知能力、情绪调节及身体的恢复能力(表 2-2)。

表 2-2 睡眠质量与疲劳状态的相关性分析

睡眠质量	疲劳状态	影响
优	无疲劳	具有良好的恢复能力,认知功能正常
中	轻度疲劳	部分恢复受限,可能出现情绪波动
差	严重疲劳	恢复能力显著下降,认知功能出现障碍

五、疲劳累积的干预策略

疲劳累积的干预策略应综合考虑个体的心理和生理状态,采用多维度的方法实现个体全面的恢复和调节。心理干预手段,如认知行为疗法、心理咨询和放松训练,旨在增强个体的心理韧性和应对压力的能力,帮助其更有效地处理疲劳和压力。认知行为疗法通过改变个体对压力源的认知和反应模式,促进个体运动员积极情绪和行为,进而改善其心理状态,帮助识别并调整消极思维模式,提高其自信心和动机水平,从而降低其发生心理疲劳的风险。心理咨询为个体提供了一个安全的空间,让其能够表达内心的困惑和压力。专业心理咨询师的指导有助于个体认识自我、理解压力来源,并学习情绪管理技巧,进而有效减轻心理负担。放松训练如渐进性肌肉放松、冥想和深呼吸等,能够缓解紧张情绪,改善睡眠质量,促进身体恢复。通过减少交感神经激活、增强副交感神经功能,个体可以降低生理压力,促进心理和生理的平衡。

在生理层面,合理的训练计划、充足的睡眠、均衡饮食和适当的物理治疗都是有效的恢复策略。训练计划应根据个体的身体状况和心理状态合理安排训练负荷,避免过度训练。定期的休息和恢复对维持运动员的长期表现至关重要。在恢复期间,适当的低强度活动,如游泳、散步或瑜伽,有助于促进血液循环,加速肌肉修复,减轻疲劳感。充足的睡眠是恢复的关键因素,良好的睡眠质量有助于身体的修复和能量再生。与此同时,营养均衡的摄入同样不可忽视,适当摄入碳水化合物、蛋白质和脂肪能够为身体提供足够的能量,帮助其在高强度训练后恢复。对于运动员来说,补充足够的水分和电解质也至关重要,可确保身体功能和代谢正常。

社会支持在疲劳管理中发挥着重要作用。教练、队友、家人和朋友的支持不仅能为运动员提供情感慰藉,还能增强运动员应对疲劳的能力。教练的鼓励与指导能提升运动员的信心,使其在面临挑战时能够更加积极地应对。队友之间的相互支持和鼓励则有助于营造积极的团队氛围,让运动员在压力下感受到归属感和集体支持,从而减轻心理疲劳。家人的理解和支持同样重要。家人的关心能够减轻运动员心理负担,增强安全感。朋友的陪伴和分享有助于减轻运动员的孤独感和焦虑,进一步增强其应对疲劳的能力。社会支持网络的建设与维护对运动员的心理与生理恢复具有深远影响。

在实施干预策略时,个体差异应得到充分考虑。不同的人在面对疲劳和压力时会表现出不同的应对方式和恢复需求。制定个性化的干预方案,有助于增强干预效果。应根据个体的年龄、性别、运动类型和生活习惯等因素进行调整,以获得最佳的恢复效果。通过结合心理和生理干预、整合社会支持,并制定个性化方得,可以有效应对疲劳累积问题,提升个体的心理韧性和身体恢复能力。综合干预模式不仅适用于运动员,也适用于其他需要应对高压的个体,促进其心理健康和生理功能的良性循环。

第二节　认知控制理论与心理效能递减

一、认知控制理论的核心要素

认知控制是指个体在特定的情境中,灵活地调动认知资源来调整想法和行为的一种目标导向的心理过程。该理论强调,个体在面对复杂环境和多重任务时,可以通过利闭有限的认知资源来有效管理行为与思维过程。其核心要素包括目标设定、冲突监测、资源分配和执行功能,这些要素相互关联,共同影响个体的认知表现和疲劳水平。

在目标设定方面,个体需明确任务的最终目标与子目标。有效的目标设定不仅能增强动机,还能明确行动方向,提高任务执行效率。对于运动员来说,比赛前设定明确的胜利目标及具体的技战术目标,可以帮助其保持专注并激发潜力。短期目标与长期目标的结合能持续增强动力,使运动员在训练和比赛中不断进步。目标的清晰性与可达成性直接关系到运动员的心理状态,进而影响其在高压情境下的运动表现。

冲突监测是指个体在任务执行过程中识别和解决冲突的能力。在比赛中,运动员常面临多重任务和相互竞争的需求,如同时监控对手的动作、调整策略并保持最佳的身体状态。在动态环境下,冲突监测可以帮助运动员实时评估自身表现与外部环境变化,从而快速做出反应和调整策略,减少因错误判断而引发的心理疲劳。

资源分配是指根据任务需求和个体能力合理分配认知资源。在高强度训练或比赛中,个体常需在多项任务间切换,这对认知资源的调配提出了更高要求。运动员必须合理安排注意力,以确保在关键时刻集中认知资源于最重要的任务上。有效的资源分配不仅能提升任务执行效果,还能减少认知资源的消耗,减轻疲劳。运动员需学会识别任务的优先级,以便在压力增大时保持良好表现。

执行功能是指高级认知过程的集合,包括规划、决策、抑制控制与工作记忆等。在运动领域，执行功能至关重要，因为运动员不仅需在瞬要息万变的比赛环境中迅速决策，还需抑制无关刺激，保持对任务相关信息的关注。在高强度的比赛中，情绪与身体状态的变化常会干扰运动员的注意力与决策过程。增强执行功能有助于运动员管理情绪波动，增强其对焦虑和压力的抵御能力，从而使其更有效地应对挑战。

认知控制理论不仅适用于运动员，也为其他需要进行高强度认知活动的人群提供了理论支持。在高压工作环境中，个体同样需要通过有效的目标设定、冲突监测与资源分配来管理工作负荷，保持高效表现。尤其在复杂项目管理、决策制定和创新性工作中，认知控制能力的高低直接影响任务完成质量和效率。

在运动训练中，提升认知控制能力可以通过多种方式实现。例如，设计模拟比赛环境的训练课程，有助于运动员在实际情境中提升目标设定、冲突监测和资源分配能力。定期的心理训练和团队合作活动也能增强运动员的执行功能，提升其在高压环境中的应对能力。

通过深入理解认知控制理论及其核心要素，运动员和其他需要进行高强度认知活动的群能够更好地识别和管理心理疲劳，从而提升表现和心理健康。该理论不仅为疲劳机制的理解提供了深刻的视角，也为制定干预策略奠定了基础，从而支持个体在挑战面前展现最佳状态。

二、心理效能的动态变化

心理效能，即自我效能感，是个体对自身在特定情境中完成任务能力的信念，不仅是其心理状态的体现，也是其行为动机的重要驱动力。心理效能的动态变化反映了个体在面对挑战和压力时信心的波动，具有显著的时间和情境依赖性。在不断变化的环境中，个体的心理效能可能随时受到内部和外部因素的影响，从而表现出上升或下降的趋势。

个体在经历成功时，心理效能通常会得到增强。成功的经验不仅能给个体带来满足感和成就感，还能增强个体应对未来挑战的信心。在运动训练和比赛中，运动员通过持续训练、技术提升及逐步克服困难，建立起对自身能力的积极认知。比赛中获得胜利或个人最佳成绩能够显著提升心理效能，使运动员在随后的比赛中表现得更加自信，调动认知资源和生理资源，提升整体表现。

然而，心理效能的下降常伴随失败和挫折。连续的失败体验可能导致个体对自身能力产生怀疑，进而影响其自信心和积极性。运动员在遇到连续失误或未能达成预期目标时，往往会感到失落和挫败，负面情绪也会迅速蔓延，影响其训练和比赛表现。失去信心的运动员可能对任务产生逃避心理，选择不面对更具挑战性的比赛或训练，这种恶性循环会进一步加剧心理效能的下降。

心理效能的动态变化不仅与个体的成功与失败经历密切相关，还受到过往经验、社会环境、情绪状态和生理状况等多重因素的影响。个体的过往经验在塑造心理效能感中起着重要作用。早期的成功经验有助于个体建立积极的自我认知，增强心理韧性；而经历过较多挫折的人，在面对新挑战时可能更容易产生焦虑，导致心理效能降低。

社会支持系统，如教练、队友、家人和朋友的鼓励，能够在关键时刻增强个体自信心。相反，负面的社会反馈（如批评和指责）则可能降低心理效能。在运动领域，教练的指导和同伴的支持是促进运动员提升心理效能的重要因素。积极的社会互动能使运动员在压力面前感到被理解和支持，增强具应对挑战的能力。

情绪状态对心理效能的变化也有重要影响。积极的情绪有助于个体增强心理效能，提升其面对挑战时的表现水平。心理学研究表明，情绪高涨的个体通常表现出更强的创造力和解决问题的能力；而消极的情绪（如焦虑、沮丧和压力）则会影响注意力和认知能力，降低心理效能。运动员在高压比赛中需要学会调节情绪，维持良好的心理状态，确保最佳表现。

生理状况同样会对心理效能产生影响。良好的生理状态能为个体提供充足的能量和动机，增强其信心。疲劳、疾病或营养不良会导致能量不足，影响心理效能。在运动训练和比赛中，运动员的生理状态不仅影响体能表现，还直接影响心理状态的稳定性。良好的恢复策略，如合理的训练计划、充足的睡眠和科学的饮食，能够保持生理状态，从而促进心理效能的提升。

在运动训练与比赛中，提升心理效能的策略应综合考虑个体差异，制定个性化的心理训练方案，如视觉化训练、积极自我暗示和心理调适等。同时，团队氛围的营造、教练的支持与反馈对于促进运动员心理效能的提升也至关重要。较高的心理效能使运动员能够更加自信地面对挑战，克服困难，最终实现自我价值。

总之，心理效能的动态变化不仅影响着运动员的表现，还关系到其心理健康和长远发展。提升心理效能需要从多方面着手，包括创造积极的社会环境、关注个体情绪和生理健康等，以帮助运动员在面对挑战时保持自信心、积极应对，最终获得更高的成就。

三、认知资源的分配与优化

认知资源的分配与优化涉及个体在面对多重任务和挑战时，如何合理利用有限的认知资源。认知资源指的是个体在执行认知任务时所消耗的心理容量，包括注意力、工作记忆、信息处理速度和决策能力等。有效的认知资源分配不仅能直接影响个体在高强度任务中的表现，还决定了决策质量与执行效率。在复杂的环境中，个体常常面临多任务的挑战，如何管理认知资源成为关键。

在运动训练和比赛中，运动员需同时关注多个方面，如自身动作的执行、对手战术的变化、比赛环境的细微变化等。此时，合理的注意力分配能够帮助运动员在关键时刻迅速反应,保持最佳竞技状态。有效管理注意力,使运动员能更好地监控自身和对手的表现,从而在瞬息万变的比赛中占据优势。

认知资源的优化不仅体现在注意力的分配上,还包括对工作记忆的有效运用。工作记忆指个体在短时间内存储和操作的信息。运动员需要处理工作记忆中与比赛相关的信息,如对手的动作习惯、比赛规则和战术安排等。通过优化对工作记忆的使用,运动员能够提高信息处理效率,在比赛中迅速应对复杂情况。优化过程可以通过多种方式实现,包括建立有效的信息组织结构、采用策略性回忆,以及视觉化训练等,以增强信息提取和应用能力。

在多任务环境中,认知资源的分配还涉及资源的动态调整。在面对突发状况或不可预知的变化时,运动员需要迅速评估任务优先级,灵活调整认知资源的分配策略。在比赛的关键时刻,运动员可能需要集中更多的注意力于对手的动作上,以及时做出反应。灵活调整认知资源的能力不仅依赖于运动员的经验和技能,也受到其心理和生理状态的影响。良好的心理素质有助于运动员在压力下保持稳定表现,灵活调整认知资源分配,以应对多重挑战。

此外,训练和比赛环境的复杂性、对手表现和裁判决策等因素,都会影响运动员的注意力集中程度和信息处理能力。因此,运动员在日常训练中需要适应不同的环境条件,培养灵活应变的能力。通过模拟真实比赛场景,运动员能够锻炼认知控制能力,提升自己在高压环境中的表现。

认知资源的分配与优化不仅是个体能力的体现,也与团队合作密切相关。在团队运动中,运动员需要与队友进行有效的沟通与协作,共同应对比赛中的挑战。团队成员之间的信息共享和角色分配,能够减轻个体的认知负担,使每个成员能够专注于自己的任务。积极的团队氛围和相互支持,能够增强个体在比赛中的自信心,从而提高整体认知资源使用效率。

在优化认知资源分配的过程中,个体需要定期评估自身的认知能力和资源使用状况。通过自我监测和反馈机制,运动员可以了解自己在不同任务中的表现,并在必要时进行调整。自我监测能力对优化认知资源的使用至关重要,它能够帮助运动员在日常训练中持续提高心理效能和表现。

四、心理效能递减的成因分析

心理效能递减是一个普遍存在的现象,尤其在高强度的工作、长时间的学习或训练中尤为明显。个体在持续的心理负荷下,认知和情感资源逐渐消耗,最终导致心理效能的下降。认知资源耗竭是导致心理效能递减的主要原因之一。在高强度的工作或学习中,个体所需的认知资源不断被消耗,导致注意力、记忆力和决策能力等认知功能衰退。随着认知资源的枯竭,个体难以维持较高的心理效能,表现为效率降低和错误率上升。

负面情绪的积累也会导致心理效能递减,情绪疲劳不仅会影响认知功能,还会干扰个体的心理状态。情绪疲劳使个体在处理任务时感到疲惫,并降低专注度。随着情绪上的不适积累,个体的工作表现和生活质量方面受到直接影响,形成恶性循环。情绪疲劳使个体更易感到沮丧和焦虑,降低自信心和自我效能感,从而进一步加剧心理效能的递减。

另一个重要因素是任务的重复性和单调性。个体在长时间面对单调的任务时容易感到乏味,导致其动机水平下降。动机的缺乏使个体难以集中精力和注意力,特别是在缺乏内在动机时,个体容易感到厌倦和无聊,进而影响整体表现。动机减弱不仅影响任务的完成度,也削弱了个体应对挑战的能力,进而导致低效工作表现和消极情绪反应。

自我调节能力的下降也是导致心理效能递减关键因素之一。自我调节能力指个体在情绪、认知和行为上进行有效调控的能力。在持续的心理负荷下,个体的自我控制和自我激励能力逐渐减弱,无法有效管理情绪和行为,常常表现为逃避或回避压力源。这种应对机制的缺失加剧了心理效能的递减。当个体无法有效进行自我调节时,不仅难以进情绪管理,还会面临目标难以达成的困境,这进一步影响其心理健康和工作效率。

此外,社会支持的缺乏也会加剧心理效能的递减。在持续的心理负荷下,个体需要外部支持和理解以缓解压力并恢复心理效能。缺乏社会支持的个体常感到孤立无援,这种孤独感进一步加重了心理负担,使个体在心理调适方面变得更加脆弱。良好的社会支持系统能够提供情感上的安慰与实际帮助,增强个体的心理韧性,有助于其抵御心理效能的递减。

五、提升心理效能的策略研究

提升心理效能的策略研究涉及多个学科领域,包括心理学、教育学和运动科学,旨在帮助个体增强自信心、优化认知资源分配,并提升自我调节能力,从而在面对各种挑战时保持良好的心理状态。以下是一些提升心理效能的主要策略。

1. 认知行为训练

认知行为训练是一种有效地提升心理效能的方法。运用分析和干预个体的思维模式,帮助其识别并修正消极思维。个体在面临困难时,常会产生自我怀疑和焦虑,这些负面思维会降低其心理效能。认知行为训练通过引导个体用更加积极的方式进行思考,有效提升其心理。此外,帮助个体进行现实且积极的自我对话,能够有效缓解焦虑,增强自信心。

2. 目标设定

有效的目标设定能为个体提供明确的方向和动机,提升其在任务执行过程中的专注力和动力。设定具有挑战性但可实现的目标,能够激发其内在动机,促进持续努力和高效表现。在运动领域,运动员通过设定短期和长期目标,能够增强训练的针对性和效果。明确的目标不仅能增强个体的成就感,还能进一步提升其自信心,形成积极的反馈循环。

3. 反馈机制与奖励

有效的反馈能为个体提供关于其表现的信息,帮助其识别优势与不足。通过及时反馈,个体能不断调整和优化自己的策略。在团队运动中,教练的反馈不仅能帮助运动员识别技术细节问题,还能增强运动员对自我表现的认知。奖励机制则通过认可个体成就,进一步增强其自信心。在教育和训练中,设定明确的奖励标准,并及时给予奖励,有助于激励个体持续进步,提高其整体心理效能。

4. 情绪调节训练

情绪波动直接影响个体的心理状态和表现。情绪调节训练,如深呼吸、冥想等放松技巧,能帮助个体识别和管理负面情绪,维持积极心理状态。情绪识别技巧能使个体在情绪产生之际及时觉察,从而采取有效的应对策略,以缓解焦虑和紧张。通过情绪调节技巧,个体能够在高压环境下保持冷静,提升心理韧性和应对能力。放松技巧,如渐进性肌肉放松、深呼吸和瑜伽,能够帮助个体缓解生理和心理紧张,恢复认知资源,进而提升整体心理效能。尤其在高强度训练和比赛中,这能有效提高专注力和表现。

5. 社会支持系统

良好的社会支持系统能为个体提供情感慰藉和实质帮助。拥有支持性社会网络的个体,在面对压力时表现出更强的心理韧性。这种支持不仅来源于家庭和朋友,还包括教练和队友的鼓励与指导。在团队运动中,队友之间的相互支持能够显著增加个体的自信心,团队的凝聚力和整体表现。

6. 个性化调整

提升心理效能的策略应根据个体差异进行调整。不同个体在应对心理挑战时存在差异,如性别、年龄、性格特点及以往经验等因素都会影响其心理效能。因此,制定个性化的提升方案至关重要。对于焦虑水平较高的个体,可以强化情绪调节训练;对于缺乏自信心的个体,则可以在目标设定和反馈机制中增加支持性措施。通过综合考虑个体差异,制定适合每个个体的策略,能更有效地提高其心理效能。

第三节　动机系统理论与心理动因分析

一、动机系统理论的构成要素

动机系统理论揭示了个体行为驱动的多维构成及其在不同情境中的表现。

该理论认为,动机的形成与个体内外环境密切相关,核心要素之间的相互作用,影响着行为选择与行动方向。需求是动机系统的基础,涉及生理或心理上的缺失感。生理需求,如饥饿和口渴,是生存的驱动力;心理需求则包括自我实现、归属感和成就感,决定了个体行为的方向。个体意识到需求时,会产生驱动力,推动其采取行动以满足该需求。

驱动力是促使个体采取行动的内在力量,包括内驱动力(即内驱力,如好奇心、求知欲)与外部驱动力(如奖赏、惩罚)。内驱力源于个体对活动本身的兴趣与乐趣,而外部驱动力来自环境刺激,如他人的认同或奖励。在运动领域,运动员的内驱力通常源于对运动的热爱与激情,这种驱动力促使他们在艰苦训练中坚持不懈;而外部驱力,如教练鼓励、赞助奖励和社会关注,也能显著提升运动员的表现。

期望是个体对行为结果的预期,可能是积极,也可能是消极的。积极的期望能提升动机,激励个体更加努力,而消极期望则会削弱动机。在运动中,运动员的期望与过往经验、训练效果和自我评价密切相关。自信心的增强有助于形成积极期望,进而提升训练投入度和比赛表现水平。因此,教练和运动心理咨询常利用多种方法帮助运动员调整期望,增强自信心。

个体追求的成果可以是短期目标或长期目标,目标设定为行为提供了明确的方向和动力。运动员通常设定多重目标,如短期的训练目标和长期的比赛目标。目标的实现不仅能激发动机,还促进能持续的努力。例如,运动员可能会设定短期目标为提升耐力,长期目标为参加国家级比赛并争取奖牌。目标设定能帮助运动员保持高水平的专注力,克服困难,持续追求卓越。

反馈是个体在行为过程中获得的关于表现的信息,能够帮助其了解任务表现并为下一步行动提供指导。积极的反馈能增强自信和动机,而负面反馈可能引发自我怀疑。特别在运动领域中,及时有效的反馈至关重要。教练的评价和比赛数据分析是重要的反馈来源。反馈促使运动员自我反思与调整,为长期发展奠定基础。

动机系统理论在运动领域中的应用深化了对运动员行为模式的理解。动机水平直接影响运动员训练投入、比赛表现和职业发展。在高强度训练和激烈竞争的环境中,动机系统各要素相互作用,影响运动员心理状态与行为选择。合理设定目标、及时反馈和激发内驱力,可以显著提升运动员的动机水平和表现。因此,深入理解动机机制,为运动员提供个性化的干预策略,是提升其运动表现与心理健康水平的关键。

二、心理动因的内在机制

心理动因的内在机制是个体行为的核心驱动力,涉及认知评估、情感体验和行为调节等多个方面。这些心理过程相互作用,影响个体在特定情境下的表现与决策。在理解这一机制时,先要明确认知评估的作用。认知评估是个体对自身能力、任务难度和成功可能性的分析与判断,通常与心理效能感的构建密切相关。当运动员面临比赛时,他们会自我评估训练水平、经验和技能,判断自己在当前环境中的表现潜力。此过程不仅回顾已有能力,还涉及对未来表现的预期。心理效能的高低直接影响运动员比赛表现的好坏。高心理效能感的运动员通常更具信心,能在比赛中保持积极的心理状态,进而提高竞技水平。

情感体验直接影响个体在特定情境下的行为反应。在比赛过程中,运动员常经历如兴奋、焦虑、紧张和满足等情感波动,这不仅会影响即时表现,也会对长期心理状态和训练效果产生影响。以焦虑为例,适度焦虑可以提高警觉性和应变能力,帮助运动员提或发挥水平,过度焦虑则可能导致注意力分散和决策失误。因此,运动员需要学会情绪管理,以便在比赛中保持最佳状态。情绪调节策略如放松训练、正向自我暗示和情境重构,能帮助运动员有效应对情感波动,从而提升整体表现。

行为调节是个体为实现既定目标而采取的具体行动策略。运动员在训练和比赛中,通常会设定明确的目标,并根据表现调整行动策略。行为调节包括计划、监控和调整三个阶段:计划阶段涉及制订训练计划和比赛策略;监控阶段通过实时跟踪表现,确保行动与目标一致;调整阶段则根据反馈信息修正策略,以应对不断变化的环境。在此过程中,教练的指导和反馈至关重要,能帮助运动员识别并解决训练和比赛中的问题。

在运动领域中,内在动机指的是个体对活动本身的兴趣和热情,如对运动的热爱和对成就感的追求。内在动机驱动运动员持续训练,并在遭遇挫折时保持毅力。与外在动机(如奖赏和赞誉)相比,内在动机更能促使运动员在没有外部激励时,依然保持积极的训练态度和比赛热情。内在动机较强的运动员通常表现出更高的持久性和表现水平。通过设定富有挑战性的目标、建立积极的自我形象和创造愉悦的训练环境,可以进一步激发和维持运动员的内在动机。

在运动心理学中,理解心理动因的内在机制不仅有助于提高运动员表现水平,还能促进其心理健康。心理动因的变化能反映运动员在训练和比赛中所面临的挑战与应对能力。运动员在比赛中的压力、竞争和不确定性,常对心理动因产生直接影响。通过深入研究心理动因,教练和运动心理学家能够识别运动员在不同阶段的心理需求,并制定相应的心理干预策略。这些策略不仅能帮助运动员调整心态、保持积极情绪,还能提升自我效能感和内在动机,从而提升其整体表现水平与促进其长期发展(表 2-3)。

表 2-3 心理动因的内在机制

要素	描述	影响
认知评估	对自身能力、任务难度和成功可能性的分析	影响心理效能,及比赛表现
情感体验	在特定情境下的情绪反应,如兴奋、焦虑	影响个体的行为反应,可能提升或削弱表现水平
行为调节	为实现目标而采取的行动策略,如计划、监控等	促进目标达成,提升训练和比赛的有效性
内在动机	对运动的热爱及追求成就的驱动力	促进训练持久性和自我激励,影响整体表现

三、动机与疲劳的关系探讨

动机与疲劳之间的关系复杂且多维,涉及心理与生理多方面的相互作用。在运动训练和竞赛环境中,较高的动机水平不仅能促使运动员更加努力地训练,还能帮助他们在比赛中克服困难、发掘潜力。动机水平直接影响着运动员的心理耐力和应对压力的能力。特别是在面对疲劳时,内在动机起着关键的调节作用,能帮助运动员超越生理和心理的极限,保持较高的表现水平。内在动机,如对运动的热爱和对胜利的渴望,能够促使运动员在疲劳状态下保持专注,持续追求目标。

然而,过高动机水平也可能带来负面影响。当运动员过度渴望成功时,可能会导致心理负荷过重和身体疲劳的积累,进而引发过度训练综合征。在这种情况下,运动员的身体和认知资源被过度消耗,疲劳的积累使得动机水平降低。长时间高强度的训练而缺乏有效恢复,不仅会削弱运动员的训练热情,还可能引发其出现厌倦感和动力减退。在疲劳状态下,生理上的虚弱与心理上的挫败感相互加剧,形成负反馈循环,进一步降低运动员的表现水平并增加其受伤风险,从而影响其职业生涯的可持续发展。

因此,教练和运动员需高度重视动机与疲劳之间的动态关系,找到二者之间的平衡点。在制订训练计划时,教练应综合考虑运动员的动机水平与疲劳状态,确保训练的有效性和运动员的心理健康。合理的训练强度和适时的休息有助于维持运动员最佳动机水平,减少疲劳积累。通过设定适当的目标与挑战,激发内在动机,运动员能在训练和比赛中有更好的表现。

此外,关注运动员的反馈,了解他们在训练过程中对疲劳的感受,有助于及时调整训练计划,避免过度训练带来的风险。情绪调节和心理训练也能有效缓解疲劳带来的负面影响。运动员可通过积极的自我对话来增强自信心与决策能力,同时利用放松技巧与冥想训练减轻心理压力,提升专注力与自我调节能力。在疲劳状态下,这些技巧能帮助运动员保持较高的动机水平和表现水平。

在运动训练与竞赛的实际应用中,动机与疲劳的关系不仅与运动员个人的心理状态密切相关,还受到团队文化、社交支持和环境因素的影响。团队氛围良好、教练的积极反馈和队友间的互相鼓励,能够显著提升运动员的动机水平。在疲劳状态下,运动员在团队中获得的支持与理解,有助于他们更好地应对挑战,减少对疲劳的关注,提升恢复能力。与他人的互动与情感支持,往往能在无形中增强运动员的内在动机,使其更有勇气面对疲劳带来的困扰。

四、动机强度与疲劳的相互作用

动机强度通常指推动个体行为的内在或外在力量的强度,影响个体的行为选择、疲劳感知及应对策略。在运动过程中,动机强度的高低决定了运动员如何处理身体和心理的疲劳。在高动机强度下,运动员通常会努力克服疲劳,持续投入训练和比赛之中。内驱力,如对运动的热爱或对胜利的渴望,能够激励运动员在感受到疲劳时继续坚持,推动其表现水平提升。然而,长时间保持高强度的动机会导致身体资源过度消耗,最终加剧疲劳的积累。在此过程中,运动员往往会忽视身体发出的疲劳信号,无法及时调整训练计划,可能导致过度训练综合征等问题。疲劳过度不仅会导致表现水平下降,还可能对心理健康产生负面影响,如焦虑和抑郁。因此,在追求高动机强度的同时,运动员和教练需要关注运动员的身体与心理的恢复,找到激励与自我保护之间的平衡。

与此相对,低动机强度的运动员在感到疲劳时更倾向于选择休息和调整,这有助于避免出现过度疲劳的风险,使其能够在必要时恢复,保持长久的训练和良好的表现。然而,低动机强度可能导致运动员在面对挑战时缺乏足够的动力,进而影响训练投入和比赛表现。尤其在面对重要比赛或高强度训练时,动机不足可能使运动员失去对目标的追求,进而降低整体表现水平。这表明动机强度在调节疲劳感知和应对策略方面起着至关重要的作用。

在运动领域,教练和运动心理学家应深入理解动机强度与疲劳之间的相互作用,从而帮助运动员制订更有效的训练计划。有效策略包括设定适度的训练目标,确保运动员在适当的挑战下进行训练,在提升动机强度的同时避免疲劳积累。通过短期和长期目标的设定,教练能帮助运动员在追求高目标的同时保持必要的休息与恢复,确保身体与心理的最佳状态。心理干预措施也可用于调整运动员的动机强度,通过认知行为疗法,运动员可以识别并改变对疲劳的消极看法,增强自信心。积极的自我对话能够提升动机强度,使运动员在疲劳时能够更加积极地应对,从而提高整体表现水平。此外,放松技巧和冥想等方法有助于运动员在高强度训练和比赛期间保持良好的心理状态,增强自我调节能力,避免疲劳对动机水平的负面影响。

五、动机激发与疲劳缓解的实践

动机激发与疲劳缓解的实践涉及多种策略,旨在提升个体的动机水平并有效减轻疲劳的负面影响。在运动训练和竞赛中,动机不仅影响运动员的心理状态,还直接决定其表现。通过科学合理的策略,可以有效激发运动员的内在动机,从而提升他们的训练投入和比赛表现水平。

动机激发的首要策略是设定具体且具有挑战性的目标。明确的目标能够提供方向感,帮助运动员在训练和比赛中保持动力。目标应具备可衡量性,以便运动员自我监控和调整。通过对短期与长期目标的逐步设定,运动员在达成目标时能够获得成就感,进而提升其心理效能和动机水平。积极的反馈有助于增强运动员的信心,并激励他们在面对挑战时更加努力。教练可以帮助运动员设定适合的目标,促进其技能发展和心理成长。

及时且具体的正向反馈是另一项有效策略,能够让运动员意识到自身的进步并增强其参与的动力。反馈应具有建设性,既指出优点,也给出改进方向。适当的奖励机制能够激励运动员训练更加投入,这种奖励不仅可以是物质上的,也可以是精神上的,比如赞赏、认可及举办小型庆祝活动,这些都会有效提升运动员的参与感和归属感。

此外,运动员在团队中的人际关系也对动机激发至关重要。良好的社会支持系统和强烈的团队归属感能够提升运动员的动机水平。定期组织团建活动,增进队员间的理解和信任,有助于形成紧密的团队氛围,减轻训练和比赛带来的心理压力。团队成员之间的相互支持和鼓励能有效提升个体的动机水平。

在疲劳缓解方面,合理安排训练和恢复时间至关重要。运动员在追求高强度训练的同时,必须确保有足够的恢复时间。在训练计划中,应安排适当的高强度训练并设定合理的休息和恢复期。恢复期包括主动恢复和被动恢复,前者通过轻松运动促进血液循环,后者则通过休息和睡眠帮助身体恢复。运动员应学会倾听身体发出的信号,及时识别疲劳迹象并做出调整,避免过度训练和心理疲劳的积累。

在高强度的训练和比赛期间,运动员常面临较大的心理压力。此时,深呼吸、渐进性肌肉放松和冥想等技巧能够有效缓解压力,帮助恢复心理平衡。放松技巧不仅能够降低紧张情绪,还能够提高专注力,促进运动员在比赛中的表现。定期的心理训练也有助于提升运动员的压力应对能力,使其在比赛和训练挑战中保持冷静和清晰的思维。

睡眠质量对运动员的身体恢复和心理状态至关重要。睡眠不足不仅会导致运动员认知功能下降,还可能影响情绪波动,进而影响运动表现。因此,运动员应重视规律的睡眠,以确保充足的休息时间。同时,均衡的营养摄入为运动员提供必要的能量支持,帮助身体更好地应对训练和比赛的挑战。合理的饮食应包括足够的碳水化合物、蛋白质、脂肪及维生素,以确保身体保持最佳状态。

在实际训练中,教练可以通过多种方式帮助运动员激发动机和缓解疲劳。例如,通过定期的心理辅导和团队建设活动,增强运动员的归属感和团队凝聚力,营造积极的训练环境。教练还应定期与运动员沟通,了解其感受和需求,及时调整训练计划和目标,确保运动员在高强度训练中保持良好的动机和心理状态。

第四节 认知负荷理论与注意力分配

一、认知负荷与多任务处理

认知负荷是指个体在处理信息时所承受的认知压力。当信息的复杂性超出了个体的认知处理能力时,就会产生认知负荷。多任务处理是现代生活中常见的现象,尤其在运动领域中,运动员需同时关注多个信息源并执行多个任务。多任务处理会增加认知负荷。每个任务都需要消耗个体的认知资源,而同时处理多个任务时,认知负荷会大量增加,从而导致压力增加和疲劳感加重。因此,认知负荷不仅影响任务完成的效果,还直接关系到运动员的表现和学习效率。认知负荷理论通过分析任务的认知要求,帮助优化训练并提升运动员应对多项任务的能力。认知负荷通常可分为三种类型:内在认知负荷、外在认知负荷和相关认知负荷。

内在认知负荷是指完成特定任务所需的认知努力,主要与任务的复杂性及个体的技能水平有关。外在认知负荷是指环境因素和任务特征带来的额外认知需求,如噪声、干扰信息等。相关认知负荷是指学习者将工作记忆能量投入更深层的图式建构和存储,还包括对学习活动监控和对学习策略的关注时所产生的认知负荷。理解这些负荷的组成有助于在多任务处理过程中合理分配认知资源,从而实现最佳任务执行效果。

在运动实践中,尤其在团队运动中,运动员需再在快速变化的比赛环境中同时进行多个任务——监控队友与对手的位置、预测比赛进展、制定战术策略和执行技术动作等。高度复杂的认知需求往往会超出运动员的可用认知资源,导致认知负荷的增加,从而影响决策和技术执行的准确性。过度的认知负荷不仅可能导致表现下降,还可能引发心理疲劳和焦虑。

因此,有效管理和优化认知负荷,对于提升运动员的综合能力至关重要。在训练中,设计适当的多任务情境,模拟比赛时的复杂环境,有助于提升运动员在高负荷情境下的表现能力。在训练中营造压力情境,使运动员在认知负荷较高的情况下进行决策和技术训练,可以提升其认知灵活性,使他们在实际比赛中能够更好地适应快速变化的环境(表 2-4)。

表 2-4 认知负荷的三种类型及其特点

认知负荷类型	定义	影响因素	对表现的影响
内在认知负荷	完成特定任务所需的认知努力	任务复杂性、个体技能水平	高复杂性任务可能导致表现下降
外在认知负荷	环境因素和任务特征带来的额外需求	噪声、干扰、信息超载	增加干扰会降低信息处理能力
相关认知负荷	促进学习和表现的最佳负荷水平	内在负荷与外在负荷的平衡	适当的负荷有助于提高表现

在运动员的训练和比赛准备过程中，认知负荷分析不仅能帮助运动员了解其在多任务处理时的表现，还能为制订训练计划提供指导。通过评估特定训练任务的认知要求，教练可以调整训练的强度和复杂性，以适应运动员的能力水平。在此过程中，运动员的反馈和自我评估也应纳入考虑，确保训练计划的有效性。在多任务处理环境中，运动员的表现受到认知负荷的影响，可以用式(2-2)表示：

$$P=f(CR-CL) \tag{2-2}$$

其中，P 代表运动员表现，CR 代表认知资源，CL 代表认知负荷。此公式表明运动员表现与可用的认知资源和任务的认知负荷之间的关系：若认知负荷超过认知资源，运动表现将显著下降。教练在设计训练程序时，需要特别注意对运动员认知负荷的管理，以确保他们在复杂环境中的表现水平得到提升。针对不同运动员的个体差异，认知负荷的管理策略也应有所不同。一些运动员在高负荷环境中表现良好，而另一些则在较低负荷条件下更为有效，教练应根据每个运动员的特点和需求，制订个性化的训练计划，帮助运动员在多任务处理的环境中找到最佳的表现状态。

二、注意力资源的有限性探讨

注意力资源理论认为，个体在执行认知任务时所能分配的认知资源是有限的，这一观点建立在早期信息处理模型的基础上。Broadbent 的过滤器模型和 Deutsch 与 Norman 的衰减模型指出，注意力不仅是信息处理中的关键因素，作为一种有限资源，还必须在多个任务之间进行分配。注意力资源的分配直接影响个体在复杂环境中的表现，尤其在高负荷的运动情境中，影响更加显著。

在运动环境中，运动员面临多任务处理的挑战，在比赛过程中需要同时关注多个方面，如技术动作的执行、对手与队友的动态、比赛策略的调整及外部环境的变化，涉及信息的快速处理和决策制定。注意力资源的有限性要求运动员在不同任务之间进行有效的优先级排序，以最优化其表现。例如，足球运动员在控球时，不仅需要专注于球的控制，还需要时刻关注对手的逼抢、队友的位置及裁判的判罚。多任务的要求对注意力资源的分配构成了巨大挑战。

注意力资源的分配受多种因素的影响，包括任务的复杂性、个体的经验水平及外部环境的干扰程度。在复杂任务下，运动员的注意力容易分散，导致其在关键时刻做出错误决策。为应对这些挑战，运动员需学习如何优化注意力分配，提高整体表现。某些训练方法可以帮助运动员在复杂情境中练习如何集中注意力，减少不必要的干扰，从而增强认知控制能力（表 2-5）。

表 2-5　注意力资源有限性的主要特征及其影响因素

特征	定义	影响因素	对表现的影响
有限性	个体在特定时间内可用的注意力资源数量	任务复杂性、个体技能水平、环境干扰	注意力分配不当可能导致表现水平下降
分配策略	将有限的注意力资源有效分配给不同任务	任务优先级、情境要求、个体目标	优化分配有助于提升任务执行效果
干扰与分心	外部或内部因素影响注意力集中程度	噪声、信息超载、情绪状态	干扰会导致注意力分散，降低表现水平
适应性	个体在变化情境中调整注意力的能力	经验、训练、反馈机制	高适应性有助于应对复杂情境中的挑战

在理解注意力资源的有限性时，需考虑其对运动员表现的影响，若一名运动员在比赛中遭遇多重信息的冲击（如观众的喧哗、对手的逼抢、比赛的紧迫感等），其注意力分配可能会变得更加困难。在此种情况下，运动员需快速做出决策，而信息处理的速度与准确性则直接关系到比赛的结果。理论上，个体的表现与其注意力资源的使用效率可以用式（2-3）表示：

$$P=E\cdot(1-k\cdot T) \qquad (2\text{-}3)$$

运动员表现（P）由注意力资源使用效率（E）和任务复杂性（T）线性耦合决定（其中 k 为衰减系数），运动员表现与注意力资源使用效率成正比，但随任务复杂性增加而线性衰减。此公式表明，运动员的表现水平取决于在不同复杂任务中如何有效地分配和使用注意力资源，若注意力分配不当或任务过于复杂，表现水平势必会受到影响。教练和运动员在训练时需重视注意力资源的管理，通过提高注意力的集中能力，帮助运动员在高压力的比赛中实现最佳表现。此外，训练中可以加入情境模拟，让运动员在压力环境中练习集中注意力的技巧，也可通过视觉、听觉等多重感官的刺激来提高运动员在比赛中的信息处理能力。通过对训练内容的设计与实施，运动员可以更好地掌握在复杂情况下的注意力调节技巧，从而提升整体表现水平。

三、任务切换的心理疲劳效应

任务切换是指个体在执行不同任务时所经历的切换过程，涉及对新任务的认知准备及对先前任务的中断。每一次任务切换都需要个体消耗一定的认知资源以适应新任务，频繁的认知重构会对心理状态产生显著影响，进而导致心理疲劳的积累。在任务切换过程中，个体常常表现出反应时间延长、错误率增加及整体表现水平下降等现象。心理疲劳的效应不仅在日常生活中显现，在运动训练和竞技环境中同样具有重要影响。

在运动领域，运动员常常需要在不同类型的任务之间进行切换。例如，足球运动员在训练过程中不仅需要进行技术练习，还要应对战术演练、身体素质训练及心理素质的培养等多个任务。频繁的任务切换要求运动员不断调整其认知和情绪状态，从而增加了运动员的心理负担，导致认知负荷过高。这种高负荷状态会影响运动员在比赛中的表现，使其无法保持最佳状态，最终可能影响比赛结果。心理疲劳在任务切换中的影响可以通过式(2-4)表示：

$$TF = f(CT, T_R, R_E) \tag{2-4}$$

式中，TF 表示心理疲劳的强度；CT 是任务切换频率；T_R 是反应时间；R_E 是错误率。此公式表明，心理疲劳的强度与任务切换的频率、反应时间的延长及错误率的增加呈正相关。随着任务切换频率的增加，运动员在完成任务时所需的时间和犯错的可能性也会随之上升，导致心理疲劳的加重。

任务切换所带来的心理疲劳不仅影响运动员的认知资源，还对其决策能力和注意力集中产生负面影响。在面对多个任务的要求时，运动员常常需要迅速做出反应。例如，在篮球比赛中，运动员不仅需要在进攻时寻找空位，还必须随时关注对方防守的变化。这种高强度的信息处理要求运动员具备较强的集中力和快速反应能力。然而，如果运动员在训练中经历频繁的任务切换，其注意力资源容易被过度消耗，导致决策失误，最终影响其在比赛中的表现(表 2-6)。

表 2-6　任务切换的心理疲劳效应及其影响因素

效应	定义	影响因素	对运动表现的影响
反应时间延长	任务切换后，个体执行新任务所需的时间增加	任务复杂性、个体认知能力	导致反应速度减慢，影响比赛表现
错误率增加	个体在任务切换后出现的错误比例上升	注意力分散、心理疲劳程度	增加比赛失误，影响整体结果
注意力分散	在任务切换过程中，注意力集中程度降低	切换频率、任务性质	减少关键时刻的决策能力

表 2-6(续)

效应	定义	影响因素	对运动表现的影响
心理负荷增加	由于频繁切换任务而导致的认知负担加重	训练强度、任务复杂度	影响运动员的整体表现和恢复能力

在制订训练计划时,教练应充分考虑任务切换所带来的心理疲劳效应,并合理安排训练内容与节奏。根据不同的训练目标,优化任务切换的频率和类型,有助于运动员在训练中逐步适应并提高表现水平。采用间歇性训练的方法,可以让运动员在特定阶段集中精力执行单一任务,从而减少认知切换带来的负担。这不仅有助于提升技术水平,还能增强心理承受能力,降低心理疲劳的积累。此外,教练应通过加强心理素质训练,帮助运动员提升应对任务切换所带来的心理负担的能力。运动员可通过应用心理调节技巧(如深呼吸、可视化训练等)有效缓解训练中的心理压力。通过情绪调节,运动员能够减轻由频繁的任务切换而引发的心理疲劳,从而提高整体训练效率和表现。

四、多任务处理的效率与策略

多任务处理的效率主要取决于个体在执行多个任务时的注意力资源分配能力。由于注意力资源是有限的,因此能够同时专注的任务数量会受到限制。在多任务处理场景中,采用适当的策略不仅能显著提升任务执行效率,还能减少频繁任务切换所带来的认知负担。有效的多任务处理策略包括优先级排序、时间管理、环境优化及认知训练等多个方面。

优先级排序是根据任务的重要性和紧急性对任务进行分类与排列。在处理多项任务时,个体需要评估各项任务对目标达成的贡献,并将资源集中于最重要和最紧急的任务上。这可以有效避免因低优先级任务分散注意力而降低的整体效率,帮助个体在有限时间内最大化任务产出。例如,在工作场所,项目经理通过制定清晰的优先级清单,确保在时间有限的情况下优先完成对项目进展影响最大的任务,不仅提升了工作效率,还能减少因同时处理过多低优先级任务而导致的心理疲劳。

时间管理是指合理安排任务执行时间,以确保高效地利用每个时间段。有效的时间管理策略包括为每项任务设定具体的时间限制,并合理安排休息和转换时间,避免因时间不够而产生的焦虑感。合理的时间管理有助于提升任务执行的专注度,特别是在运动训练中,运动员需要平衡技术训练、体能训练和战术演练的时间,通过科学的时间管理,在每个训练阶段集中精力提升特定技能,从而提高训练效果。

环境优化是指通过调整工作或训练环境以减少干扰因素,提升任务执行效率。在多任务处理过程中,外界环境的干扰会显著影响个体的注意力与信息处理能力。为了提高效率,可以采取环境优化措施,如保持工作区域整洁、减少噪声、使用耳机隔绝外部干扰、选择适合的光线条件等,这些都能帮助个体在执行多个任务时更好地集中注意力,提高信息处理的速度与准确性。在体育训练中,教练可以通过优化训练环境,如调整场地布局、确保训练器材整齐与功能性,减少环境对运动员的干扰,从而提升整体表现水平。

认知训练旨在通过特定的练习提高个体在执行多任务时的信息处理能力和注意力分配能力。认知训练包括注意力集中训练、工作记忆训练及任务切换能力训练等。通过有针对性的训练,个体能够提高在复杂环境中处理信息的能力,使得在面对多重任务时能更加高效。使用认知训练软件通过模拟多任务环境进行练习,能够显著提升个体在实际情境下的表现水平。这种训练不仅适用于运动员,也适用于需要多任务处理的职业,如飞行员、外科医生等。通过认知训练,个体不仅能够提升在多任务环境下的表现水平,还能减轻在高压情境下产生的心理疲劳。

任务切换与休息时间的结合是防止心理疲劳积累的重要策略。长时间的任务切换可能导致认知资源的过度消耗,从而产生心理疲劳。在高强度的工作或训练后,适当的短暂休息有助于恢复注意力资源,提高后续任务的处理效率。采用如“番茄工作法”将工作时间分为 25 min 集中工作与 5 min 休息的周期,可以有效提升长时间工作的效率,避免因连续任务而带来的注意力分散和疲劳感(表 2-7)。

表 2-7 多任务处理的效率与策略及其影响因素

策略	定义	实施方法	效果
优先级排序	根据任务重要性和紧急性进行任务排序	制定优先级清单	提升任务完成效率,减少心理负担
时间管理	合理安排任务执行的时间	设定时间限制,安排休息时间	提高专注度,降低焦虑感
环境优化	调整环境以减少干扰	保持整洁、减少噪声、优化光线条件	提升信息处理速度与准确性
认知训练	提高信息处理和注意力分配能力的练习	使用认知训练软件,进行注意力训练	增强多任务处理能力,减少疲劳感
休息与恢复	合理安排工作与休息的结合	采用“番茄工作法”等定时休息方式	恢复注意力资源,提高后续任务效率

五、注意力管理与心理疲劳预防

注意力管理在预防心理疲劳方面起着至关重要的作用。通过优化个体的注意力分配和资源利用,能有效减轻心理疲劳,从而提升工作和学习效率。良好的注意力管理不仅能提高任务执行时的专注度,还能提高信息处理的准确性。为实现有效的注意力管理,可以从目标设定、注意力集中、干扰控制和定期休息四个方面着手。

目标设定是注意力管理的核心。明确且具体的任务目标能为个体提供清晰的方向,并激发内在动机。设定具体且可衡量的目标,尤其是在长远目标的基础上制定短期目标,可以带来更高的成就感与满足感。例如,在学习时设定每天完成特定章节的目标,可以帮助学生将注意力集中于当前任务,而不是迷失在长期目标中。通过逐步达成短期目标,个体能够获得积极的反馈,从而增强动机和提高专注度。

注意力集中是任务执行的关键。个体应努力将注意力集中在当前任务上,而不是让思维游离于其他事务。有效的注意力集中可以通过多种策略实现,包括环境调整、心理暗示和使用专注工具等。环境调整包括减少背景噪声、整理工作空间等,这些措施都能帮助个体减少外部干扰并提升专注度。心理暗示是指在开始任务前进行积极的自我激励,通过正向自我暗示增强专注力。此外,使用专注工具,如时间管理应用程序或专注计时器,也能帮助个体设定时间限制并提醒其保持专注。

干扰控制是有效管理注意力的重要组成部分。个体需要识别并减少可能分散注意力的干扰因素,如手机通知、社交媒体和环境噪声等。可采取一系列策略,如设定“无干扰时间”,在此期间关闭所有不必要的通知,避免分心。优化工作和学习环境,创建安静、舒适的空间,也能有效降低干扰,提高专注度。同时,学会平衡工作和休息的节奏也是干扰控制的有效手段,通过适时的休息防止因疲劳而导致的效率下降。

定期休息是保持高效注意力管理的关键因素。在长时间的任务执行过程中,适当的短暂休息不仅可以帮助个体恢复精力,还能提高注意力与任务完成质量。运动员在训练中同样需要合理安排训练与休息时间,避免身体和心理的过度疲劳。定期休息能有效减少持续高负荷任务处理带来的疲劳积累,保持长期的高效表现(表2-8)。

表 2-8 注意力管理策略及其对应的方法与效果

策略	定义	实施方法	效果
目标设定	明确任务目标和预期结果	制定具体、可量化的短期和长期目标	提高动机，增强自我效能感
注意力集中	将注意力集中于当前任务	环境调整、心理暗示、使用专注工具	提升专注度，提高信息处理的准确性
干扰控制	识别和减少可能分散注意力的因素	设置无干扰时间、优化工作环境	减少干扰，保持任务专注
定期休息	在长时间任务执行后安排短暂的休息时间	采用“番茄工作法”等休息策略	恢复精力，提升任务完成质量

第三章　运动性心理疲劳的认知视角

第一节　注意力资源的分配与耗损机制

一、注意力资源分配的策略

在运动心理的学领域,注意力资源的分配策略涉及如何高效利用有限的认知资源,以应对多任务环境中的各种挑战。运动员在复杂的竞技情境中,不仅需要处理来自外部环境的视觉、听觉和触觉信息,还需在认知层面进行策略规划和情绪调节。因此,注意力资源的合理分配至关重要,不仅能显著提升运动表现,还能在高压环境中帮助运动员有效应对挑战。

在比赛中,运动员面临着大量信息的干扰,能否有效过滤无关信息,往往决定了其表现的优劣。例如,篮球运动员在防守时,需要迅速判断对手的动作并预测其意图,专注于对方的身体动作和控球状态,同时忽略场外观众的噪声和其他干扰。这样的专注能力是提高防守效率的基础。通过选择性注意的训练,运动员能够在高压环境中保持专注,提升反应速度和决策质量。

分配性注意要求运动员在多任务之间灵活切换注意力。在足球比赛中,运动员在关注带球的同时,还需留意周围队友和对手的动态。合理分配注意力的策略可以帮助运动员在复杂的比赛中全面把握比赛进程,从而做出更迅速和准确的决策。通过有效分配注意力,运动员能够专注当前任务的同时,及时调整策略以应对场上不断变化的局势。

持续性注意则是指运动员在较长时间内维持对某一特定任务或信息的专注,这对于耐力运动,如长跑和游泳等尤为重要。长时间的高强度运动会导致运动负产生心理疲劳,因此运动员需要在比赛过程中持续监测自己的速度、体力和心理状态,从而确保表现的稳定性和持续性。例如,长跑运动员需不断关注自己的配速,调整呼吸和步频,以防在比赛中途因体力透支而影响成绩。通过持续性注意的训练,运动员不仅能提高耐力,还能增强自我调节能力,从而在比赛的各个阶段保持最佳状态。

在实际训练中,运动员可以通过多种方式提升其注意力资源分配能力。模拟比赛环境的训练有助于增强运动员应对多任务的能力,视觉化技术的应用可以帮助运动员更好地理解并预判比赛局势,进而提升选择性注意能力。系统性的注意力训练，如反应速度训练和注意力集中训练，也能有效提高运动员的分配性和持续性注意力。此外，情绪调节策略应纳入训练中，帮助运动员在高压环境下保持注意力集中，从而提升整体表现水平。

需要注意的是，注意力资源的分配不仅是一个纯粹的认知过程，更是情绪和心理状态相互作用的结果。运动员在比赛中的表现受多种因素影响，包括心理状态、情绪波动以及身体状况等。因此，培养运动员的自我监控能力，并帮助其识别与调节情绪，能进一步促进其注意力资源的有效分配。通过综合训练，能够从根本上增强运动员在高压环境中的应对能力，提高其整体竞争力。

二、注意力耗损的生理基础

注意力耗损的生理基础涉及大脑的多个区域和神经机制的相互作用。前额叶皮层、顶叶皮层和丘脑等大脑区域在注意力的调控与执行中扮演着重要角色。前额叶皮层负责多项高级认知功能，包括计划、决策和抑制控制，是调节个体行为与思维的关键区域，帮助个体在复杂的环境中做出合理判断和选择；顶叶皮层主要处理来自感官的信息，并调节空间注意力，其功能不仅包括对视觉和听觉信息的解析，还涉及身体对外部环境的空间定位与感知；丘脑则作为感觉信息的中继站，传递外部信息至大脑皮层，并在注意力的分配与调节中发挥重要作用，通过筛选与过滤信息，确保大脑集中注意力于最关键的信息上。

在长时间执行运动或认知任务时，随着时间的推移，脑区活动会受到能量消耗与神经递质变化的影响，从而导致功能下降，进而引发注意力的耗损。个体长时间集中注意力时，前额叶皮层的神经元活动逐渐减弱，进而影响认知控制能力，表现为决策速度减慢、任务执行效率降低及注意力分散等。此外，神经递质水平的变化也会加剧这一过程。多巴胺在调节注意力和动机方面发挥着关键作用，其浓度降低会导致个体在任务中的兴趣和专注度下降；谷氨酸作为主要的兴奋性神经递质，参与信息传递和学习记忆等过程，其过度消耗也可能影响注意力的维持与调节。

在生理层面上，注意力耗损还与大脑代谢变化密切相关。大脑在执行任务时需要大量能量，主要依赖于葡萄糖的代谢。长时间的认知或运动任务会导致葡萄糖消耗增加，进而影响大脑的正常工作。当大脑能量供应不足时，各个区域的神经活动会受到抑制，表现为注意力下降。此外，在运动时，肌肉活动的增加使血液流向肌肉，减少了对大脑的供氧，这进一步加剧了大脑能量供应不足，从而影响注意力的稳定性。

除了生理因素，心理因素也在注意力耗损中发挥着重要作用。在面对高强度的运动或认知任务时，个体的心理压力和焦虑水平的上升可能加剧注意力的耗损。情绪状态影响大脑神经递质的释放和神经网络的活动，导致注意力进一步下降。在训练和比赛中,运动员的心理调节能力成为维持注意力的关键因素。有效的策略可以在一定程度上减缓注意力的耗损。定期的短暂休息有助于恢复大脑能量供应和神经活动,从而有效提高注意力的持续性;合理的饮食和水分的补充对维持大脑功能也具有积极作用。富含抗氧化物的食物有助于减少氧化压力,提高大脑的代谢效率;适当的心理训练和放松技巧(如深呼吸、冥想等)能够有效降低心理压力,提升注意力集中度。

在运动训练中,生理和心理的调节手段,能够更好地帮助运动员维持和优化注意力集中度。通过系统的训练,运动员能够增强自我调节能力,在长时间集中任务下有效应对注意力耗损。这不仅能提升运动员的表现,还能更广泛地内应用于日常生活中的学习和工作中,从而提高个体的注意力管理能力。

三、注意力耗损的心理影响

注意力耗损的心理影响是一个多维而复杂的现象,涉及工作记忆、情绪调节和决策能力等多个方面。注意力的耗损直接影响个体的工作记忆容量,导致信息处理效率显著下降。工作记忆作为一种短期认知系统,负责临时存储和处理信息,其容量有限。在注意力耗损的状态下,个体往往难以同时有效处理多个任务,进而降低了任务执行效率。例如,学生在学习过程中如果由于疲劳或外界干扰而出现注意力耗损,其对教材内容的理解和吸收能力也将受到影响,难以在考试中表现出最佳的水平。在职场中,注意力不集中,会使员工在进行复杂项目时难以高效整合信息,进而影响整体工作表现和团队合作。

注意力耗损会对情绪调节能力产生负面影响。情绪调节是个体控制和调整自身情绪状态的能力,在应对生活中的压力和挑战时至关重要。当注意力受到消耗时,个体往往难以有效抑制负面情绪,如焦虑、沮丧和失望等。在压力或困扰面前,情绪波动往往会加剧,导致焦虑情绪的进一步增强,进而形成恶性循环。运动员在经历长时间的高强度训练后,若出现注意力耗损,可能会产生焦虑,进而影响比赛表现。这不仅削弱了其自信心,还可能干扰其在关键时刻做出决策的能力。

注意力耗损会显著影响个体的决策和问题解决能力。在注意力耗损的状态下,个体更倾向于依赖启发式策略,而非进行深入分析或深思熟虑。虽然启发式策略能够快速得出结论,但往往缺乏系统性和严谨性,容易导致决策质量下降。例如,企业管理者在面对复杂的市场变化时,如果由于注意力耗损而未能全面分析数据,则可能做出错误的决策,影响企业的战略规划和发展方向,从而波及团队和组织的整体运作。

此外,注意力耗损还与个体的心理效能密切相关。心理效能是个体对自身能力的信念,极大地影响着个体面对挑战时的态度与表现。当注意力耗损使个体无法有效完成任务时,其心理效能可能受到打击,进而导致对未来任务的信心下降,产生回避心理,这限制了个人的发展和提升。长期的消极心理状态可能导致职业倦怠或抑郁等心理问题,进一步影响生活质量和幸福感。

为了缓解注意力耗损带来的心理影响,建立良好的时间管理习惯至关重要。合理安排工作与休息时间,能够有效防止注意力的过度消耗。定期的短暂休息不仅能帮助大脑恢复,还能提高后续工作的注意力集中度。适当的身体锻炼和放松活动有助于减轻心理压力,促进心理健康,并增强个体应对压力的能力。冥想和正念练习等心理调节技巧也能有效提高注意力,帮助个体在面对挑战时保持冷静和理智。此外,积极的社交互动,如与朋友、家人或同事进行交流和分享,有助于释放内心的压力,增强心理韧性。通过情感支持和多角度的视角,个体能够获得积极的心理反馈,从而提高心理效能。

四、注意力耗损的测量方法

注意力耗损的测量方法主要分为主观报告和客观测试两大类,它们分别从个体自我感知和行为表现两个角度评估注意力状态。两种方法各有特点,能够提供不同层面的信息,从而让人的更全面地理解个体在特定情境下的注意力表现。

(一)主观报告

主观报告主要依赖于个体的自我评估,通过问卷或量表的形式收集数据,常见的测量工具包括疲劳量表(表 3-1)、注意力分散量表等。运用一系列问题或陈述,询问个体对其注意力状态和疲劳程度的感知。

表 3-1 疲劳量表

问题	评分(1~5)
1. 我今天感觉疲惫	1 2 3 4 5
2. 我在专注做任务时感到困难	1 2 3 4 5
3. 我感觉注意力不集中	1 2 3 4 5
4. 我觉得思维迟缓	1 2 3 4 5
5. 我需要更多的时间来完成任务	1 2 3 4 5

评分结果可通过统计分析,得出个体的整体疲劳水平和注意力状态。此方法的优点在于能够获取个体主观体验的信息,但其结果可能受到个体情绪、认知偏差或社交期望等因素的影响,因此需要结合其他测量方法进行验证。

(二)客观测试

客观测试旨在通过标准化的任务评估个体的注意力表现,通常采用计算机化的测试工具。以下是主要的客观测试方法。

1. 持续表现任务测试(Continuous Performance Test,CPT)

该测试要求个体在一段特定的时间内持续监测一系列视觉或听觉刺激,并对特定刺激做出反应。CPT 的设计主要用于评估个体在长时间任务中保持注意力的能力。测试结果通常包括反应时间(T_R)、错误率(R_E)和漏检率(R_M),公式如下:

$$\text{错误率}=\frac{\text{错误反应数}}{\text{总反应数}}\times100\%$$
$$\text{漏检率}=\frac{\text{漏检次数}}{\text{目标刺激总数}}\times100\% \tag{3-1}$$

2. 选择性注意测试

选择性注意测试,如双耳分听任务,要求个体在听到的信息中选择性地关注一个特定的信息源。测试中,个体需要复述所选择的侧耳朵中的信息,而忽略另一侧耳中的信息,该测试能够有效评估个体在复杂环境下选择性注意的能力。

3. 分配性注意测试

分配性注意测试旨在评估个体在同时处理多个任务时的注意力分配能力。此类测试通常包含多个并行的任务,个体需在各任务之间灵活切换,并有效完成相应的反应。测试结果能够反映个体在多任务处理中的效率与准确性,从而揭示其在复杂情境下的注意力分配能力。

将主观报告与客观测试结合使用,可以更全面地评估个体的注意力耗损状态。例如,在进行 CPT 的同时,要求参与者填写疲劳量表,以便将其主观感受与客观表现相对照。通过这种综合性分析,个体能够深入理解注意力耗损的综合影响因素。在临床实践中,采用多种测量方法的组合,不仅有助于识别注意力耗损的不同类型,还能为制定个性化的干预方案提供科学依据。

五、注意力资源的恢复途径

长时间的注意力集中会导致心理和生理上的疲劳,适时的恢复能够显著提升个体的表现和整体健康水平。恢复途径不应仅限于简单的休息,还应包括多种科学方法和策略,涵盖生理、心理和行为多个层面,从而促进注意力的全面恢复。

休息被认为是恢复注意力资源最直接且有效的方法。短暂的休息(如每工作一段时间后进行几分钟放松)有助于大脑恢复能量并缓解疲劳。在此过程中,个体可以选择闭目养神、走动或进行简单的拉伸运动,既能放松紧张的肌肉,又能帮助大脑从持续的工作状态中解脱出来。睡眠则是恢复注意力资源的关键。充足的睡眠不仅能帮助大脑处理和巩固信息,还能通过清除脑内代谢废物增强认知功能。成年人普遍需要每晚 7~9 h 的睡眠以维持最佳的心理状态和认知表现。无论是短暂的午休还是规律的夜间睡眠,都有助于个体在随后的任务中保持高效的注意力和专注力。

放松训练作为一种有效的心理恢复手段,近年来得到了广泛关注。冥想和深呼吸等放松技巧可以显著降低个体的心理压力和生理紧张感。冥想通过集中注意力于特定的思想或感官体验,帮助个体减少焦虑与压力。定期冥想能够改变大脑结构,增强注意力的稳定性和持久性。深呼吸作为一种简单易行的放松技巧,能够迅速降低身体的紧张反应,通过缓慢且深长的呼吸,个体不仅能够平复心率,促进全身放松,还能提高氧气供应,从而改善注意力的集中程度。通过系统的放松训练,个体能在高压环境中保持冷静,增强对环境刺激的适应能力。

认知策略训练着重于训练个体如何有效分配和调节注意力,通常包括制订具体的注意力管理计划。为学习如何识别和应对注意力耗损的迹象,认知策略训练可采用多种形式,如时间管理、优先级排序和任务分解等。在任务分解中,个体将复杂的任务拆分为小步骤,使其更具可管理性,减少注意力耗损的可能性。设定明确的目标并使用定时器等工具,有助于提高任务执行效率,确保在任务过程中保持高度集中的注意力。

饮食对认知功能有着深远的影响。摄入富含抗氧化剂的食物(如新鲜水果和蔬菜)可以减少体内的氧化应激,保护神经元免受损伤。食物中的维生素 C、维生素 E 和多酚类化合物有助于增强大脑健康,进而提升注意力功能。ω-3 脂肪酸对大脑功能也有积极作用,它能够促进神经传导物质的合成,有助于提高认知动能。

有氧运动如跑步、游泳或骑自行车等能有效提高心率,促进血液循环,增加大脑氧气和营养物质的供应。规律的有氧运动不仅能改善整体健康,还能提升注意力和认知功能。运动过程中,身体释放的内啡肽能够改善情绪,减轻压力,进而间接增强注意力的持久性。每周进行至少 150 min 的中等强度运动,能够保持最佳的心理和生理效益。

社交互动不仅能提供情感支持,还能帮助个体在情绪上得到舒缓。参与社交活动有助于个体在轻松愉快的环境中放松,减少工作或学习带来的压力。在这种情境下,个体的心理状态得到改善,注意力和认知表现水平随之提高。积极参与团建、社交聚会或兴趣小组等活动,不仅有益于身体健康,还能增强心理韧性,帮助个体更好地应对日常生活中的压力。

第二节 记忆负荷与信息处理模型解析

一、记忆负荷对认知资源的占用

记忆负荷在运动心理学中直接影响着运动员在比赛或训练中的表现。它不仅涉及信息存储的数量,更关乎个体在特定情境下对信息的加工、提取和使用能力。当运动员面临高记忆负荷时,认知资源的调配和管理变得至关重要。在运动中,记忆负荷可以分为短期记忆负荷和长期记忆负荷两类。

短期记忆负荷涉及瞬时信息的处理。例如,在比赛中,运动员需要迅速判断对手的移动方向和所处位置。长期记忆负荷则与运动员对战术和规则的理解密切相关。在比赛过程中,运动员必须不断调整自己的反应,以适应快速变化的局势。高记忆负荷要求运动员在实时处理信息时保持高度的认知资源集中,过度的记忆负荷可能导致信息的选择性遗忘或处理延迟。

例如,在高强度的足球比赛中,运动员不仅要关注自己的位置,还要时刻关注队友和对手的动态。短期记忆负荷迅速增加,导致注意力的分配变得更加复杂。在这种情况下,信息的处理和存储不仅限于单一任务,而是一个综合性的认知挑战。运动员必须能够快速识别并记住场上发生的各种情况,从而迅速做出决策。如果记忆负荷过重,可能导致运动员在关键时刻反应迟缓,影响整体表现。工作记忆的容量有限,通常只能同时处理少量信息,当运动员必须处理复杂的战术信息或应对对手的多变策略时,工作记忆负荷将迅速达到极限。

当工作记忆负荷达到饱和时,认知表现水平显著下降,特别是在需要快速反应和决策的情境中,运动员容易出现反应迟缓、判断失误等情况,进而影响比赛的最终结果。例如,在篮球比赛中,运动员需的不断更新场上的局势信息,包括判断队友传球的时机、评估对手防守及比赛得分情况。如果运动员未能有效管理和处理这些信息,则可能导致战术执行混乱,认知资源的分配发生紊乱,进而使得运动员在决策时只关注部分信息而忽视其他关键战术细节。

进一步分析,记忆负荷的增加还会显著影响运动员的情绪状态。当认知资源过度消耗时,运动员容易感到压力,并出现焦虑,进而干扰其注意力和表现。在高水平竞技体育中,运动员往往需要在高度紧张的环境下做出决策。如果此时记忆负荷过重,可能导致注意力分散,从而影响场上的表现。因此,适时的认知训练和心理调适显得尤为重要,它们能够帮助运动员更好地应对信息负荷带来的挑战。

为了应对记忆负荷带来的挑战,运动员可以通过反复训练加深对战术和比赛规则的理解,从而减少对新信息的依赖。这种方法能有效降低比赛中即时记忆的负担,使运动员将更多的认知资源集中于即时决策和反应上。

此外,视觉化技术也可以有效帮助运动员应对高记忆负荷。通过在脑海中构建战术执行的图像,运动员可以提升对复杂信息的处理能力。通过这种方式,运动员能形成清晰的战术框架,从而提高反应速度和准确性。合理地训练安排也有助于控制记忆负荷,适度的训练强度和时间安排能够避免运动员在高压环境下过度消耗认知资源。分段训练方法不仅有助于减少记忆负荷,还能为运动员提供更多的时间来处理和理解必要的信息。

二、信息处理模型的认知机制

信息处理模型为理解记忆负荷如何影响认知机制提供了系统化的框架。该模型包括五个阶段:感知、注意、编码、存储和检索。在运动情境中,这些过程的运作对运动员的表现至关重要,因为运动员需要在瞬息万变的环境中做出迅速且准确的决策。

感知阶段是信息处理的起点,运动员能感知到外部刺激,包括周围环境、对手动作、队友位置及其他重要的比赛信息。运动员的感知能力决定了其是否能够准确捕捉这些信息。例如,在篮球比赛中,运动员需要迅速捕捉到对手的跑位、传球路线和球的飞行轨迹等信息,这要求运动员的大脑能够将视觉和听觉信息转化为清晰的内部表征,从而有效解读外界刺激。

随着信息感知的深入,运动员进入注意阶段,需要选择性地关注某些关键信息,同时忽略不相关的干扰信息。选择性注意是运动表现的核心。例如,足球运动员准备射门时,必须专注于球的方向、守门员的位置及对方防守队员的动态,同时屏蔽赛场上其他不重要的信息。注意力的集中直接影响反应速度和决策质量,能够提升运动员对相关信息的感知,同时增强其对信息的处理和反应能力。

编码阶段是指将感知到的信息转化为可存储的形式。当运动员瞬时处理大量信息时,必须迅速将这些信息编码为可以理解和记忆的内容。这一过程要求运动员具备强大的工作记忆能力,以便在瞬息万变的比赛环境中迅速分类、整合信息。例如,运动员接到队友传球时,必须快速判断并编码球的位置、速度及周围防守者的状态,以便尽快做出最佳决策。

信息编码后,运动员将其存储于短期记忆或长期记忆中。短期记忆可以在较短的时间内保持信息的可用性,而长期记忆则包含运动员在训练和比赛中积累的知识和经验,能够在关键时刻提供决策支持。优秀的运动员通常具有较强的长期记忆,可以在比赛中迅速回忆起过去的经验,进而优化当前的表现。

检索阶段是运动员从记忆中提取所需信息的过程,以便在比赛中应用。检索的效率直接影响到运动员的反应速度和决策能力。例如,在面对对手时,运动员需要迅速检索以往类似情境下的应对策略、技巧和战术选择。如果在检索过程中出现困难,可能导致反应延迟,进而影响比赛结果。

在信息处理模型的各个阶段,记忆负荷的增加对认知资源的占用会产生显著影响。高记忆负荷可能抑制感知、注意、编码、存储和检索等过程的效率。在高强度的训练和比赛中,运动员需要保持高度的警觉和敏捷反应,信息处理的速度和质量直接关系到运动员的表现。因此,记忆负荷对运动员的整体表现具有重要的影响。

为了优化信息处理,运动员可以通过训练提升各个阶段的效率。感知能力的训练可以通过模拟比赛环境中的不同情境,帮助运动员提高信息的快速感知和处理能力。注意力训练则通过特定的心理训练,增强运动员在比赛中保持专注的能力,减少因外界干扰导致的注意力分散。编码与存储训练可以通过反复练习和情景模拟,使运动员在比赛中更快地将信息转化为可操作的知识,从而提高其在比赛中的反应速度和决策质量。

三、记忆负荷与认知效率的关系

记忆负荷与认知效率之间的关系反映了个体在信息处理过程中的动态平衡。适当的记忆负荷有助于提升认知效率,因为在信息量适宜的情况下,个体能够通过合理的编码和存储策略充分调动认知资源。当记忆负荷处于适宜的水平时,个体能够迅速地获取所需信息,并将其有效整合到已有知识结构中。在这种情境下,认知过程更加流畅,反应时间得以缩短,运动员能够利用经验和训练优化决策过程,从而提升整体表现。

然而,过高的记忆负荷会显著影响认知效率。随着信息处理复杂性的增加,个体面临过度消耗认知资源的风险,导致信息检索和处理时的延迟,从而影响决策质量。在运动情境中,运动员需要迅速做出决策,任何延迟都可能导致错失良机,最终影响比赛结果。例如,在篮球比赛中,运动员必须迅速判断并做出传球、投篮或突破的选择。当记忆负荷过重时,运动员在快速思考和决策过程中容易产生混淆,从而导致决策错误或反应迟缓,最终影响比赛表现。过高的记忆负荷会导致多个信息处理环节出错,特别是在注意力分配和调控方面。当运动员同时处理大量信息如对手的动态、场上位置的变化和战术策略时,过重的记忆负荷会削弱他们的选择性注意能力,使得重要信息被忽视,或者导致对干扰信息的过度关注。这在高速运动项目中尤为明显,运动员在快速做出反应的同时,必须保持信息处理的准确性,这要求他们能够迅速整合来自多个信息源的内容。

认知效率的下降通常伴随着情绪和心理状态的变化。在高记忆负荷的情境下,运动员容易感到焦虑和压力,进而影响表现。记忆负荷与情绪状态之间存在相互作用,负面情绪如焦虑和紧张可能加重认知负荷,使运动员无法在比赛中充分发挥水平。在高强度的比赛环境中,运动员的情绪调节能力与记忆负荷的管理密切相关。情绪稳定、能够有效管理认知负荷的运动员,通常能在关键时刻做出更精准的决策。

为了优化记忆负荷与认知效率之间的关系,运动员和教练可以采用多种策略进行训练与管理。通过模拟训练和反复练习,运动员可以在比赛前熟悉比赛情境,提高信息处理的熟练度。通过对特定战术的反复练习,运动员能够减少对新信息的依赖,从而在实际比赛中减少记忆负荷对表现的影响。提升运动员的注意力控制能力,有助于他们在比赛中有效地选择性关注重要信息,屏蔽干扰因素。

包括心理训练和注意力集中练习在内的干预措施,有助于运动员在压力环境下保持冷静和高效决策能力。

短暂的休息有助于恢复注意力和工作记忆,减少认知疲劳的积累。在训练过程中,适当的休息不仅能提高训练效果,还能帮助运动员在比赛中保持最佳状态。充足的恢复时间显著提升认知功能和运动表现,使运动员在面对高记忆负荷时仍能保持良好的决策能力。此外,富含抗氧化剂、Omega-3 脂肪酸和维生素 B 群的食物对认知功能有积极影响,能够帮助大脑更高效地处理信息,并增强抗疲劳能力。良好的营养习惯有助于运动员更好地应对高强度训练和比赛,保持较高的认知效率。

四、记忆负荷对认知策略的影响

记忆负荷对认知策略的影响深刻体现在个体根据任务要求调整信息处理方式的过程中。认知策略指的是个体在信息处理时采用的多种方法,包括复述、组织、精制和分块等,这些策略不仅提高了信息处理的效率和准确性,还能在一定程度上减轻高记忆负荷所带来的压力。在高记忆负荷的情境下,个体往往被迫选择更复杂的认知策略,以应对迅速变化的环境需求。例如,运动员在比赛中面临大量战术信息、对手动态和队友配合时,必须迅速、准确地处理这些信息,这直接影响他们的决策和表现。

复述策略不仅是对信息的重复,更是一种积极的认知行为。通过不断强化对关键信息的记忆,运动员可以更好地保持对重要信息的关注。这不仅提高了信息的持久性,还能增强信息的可获取性,减少因记忆负荷过重而导致的决策延误。通过复述,运动员能够对大量瞬时信息进行快速整合,使信息的处理变得更加高效。

组织策略涉及将信息进行结构化和分类,这样个体能够更有效地管理认知负荷。在运动场景中,运动员常根据战术需求对信息进行组织。例如,他们可以将不同的战术动作分为防守和进攻两类,或者将对手的表现按照不同比赛阶段进行分类。这种信息组织不仅提高了信息存储和提取的效率,还帮助运动员在快速变化的比赛环境中迅速找到所需的信息。

精制策略则通过深入加工信息来提高记忆效果。运动员可以将新的信息与已有的知识或经验进行关联,从而增强记忆。在训练过程中,运动员不仅了解战术,还能将其与过去的比赛经验结合,形成更全面的理解。这种精制策略帮助运动员在比赛中快速调动经验,从而提升决策的质量和表现的稳定性。

分块策略通过将大量信息拆解成更小、更易于管理的块,从而降低认知负荷。在复杂战术分析中,运动员可以将战术分解为若干基本组成部分,如运动员的站位、传球路线和可能的进攻方式。这不仅让信息变得更清晰,也降低了大脑在处理信息时的负担,使得运动员在复杂环境下能够保持高效的决策能力。

记忆负荷还影响个体在信息处理过程中的灵活性。当记忆负荷适中时,个体能更灵活地应用多种认知策略,迅速适应环境的变化。在运动中,运动员面对对手战术的调整或队伍的变化时,灵活使用认知策略可以提高其应变能力。然而,过高的记忆负荷会使得个体在选择策略时变得僵化,难以快速切换,这会显著影响信息处理的效率和准确性。因此,运动员在高强度训练和比赛中应注重管理记忆负荷,以确保能够灵活地应用各种认知策略。

此外,运动员应具备良好的元认知能力,即对自己认知过程的意识和调控能力,以便在面对不同记忆负荷时,能够自主选择适当的认知策略。当运动员意识到自己在某一阶段的记忆负荷过大时,可以主动调整策略,采用更简化的信息处理方法或进行短暂休息,以恢复认知资源。运动员对自身状态的及时评估和调整直接影响其在比赛中的表现。

记忆负荷对认知策略的影响不仅限于运动员个人,也体现在团队协作中。在团队运动中,成员之间的信息传递与共享至关重要。当个体面临较大记忆负荷时,团队的协作可以有效减轻个人的认知负担。通过有效的沟通与信息共享,队友能够帮助彼此更好地处理复杂的战术信息,提升团队整体的认知效率。在这种协作中,团队成员能互相补充,缓解个体的记忆负荷,使每个成员能更专注于自己的任务。

在整体训练和比赛准备过程中,教练和运动员可以共同探讨适合特定运动项目的认知策略。通过模拟比赛场景并设定不同的记忆负荷水平,运动员可以在实际操作中体会不同策略的效果。这不仅有助于他们在真实比赛中自如应对信息处理的挑战,还能提升运动员的应变能力,提供更加科学和有效的训练方法。

五、记忆负荷的适应性调整机制

记忆负荷的适应性调整机制是个体在面对不同程度的认知负荷时,通过不断的训练和实践增强自身应对高记忆负荷的能力。该机制的核心在于个体认知能力的灵活性与适应性。有效的适应性调整不仅能提高工作记忆的容量,还能优化信息的编码策略,从而促进认知灵活性,帮助个体应对动态变化的环境需求。

运动训练中的反复练习和模拟比赛情境为运动员提供了宝贵的经验。在训练过程中,运动员通过持续的反复操作,使某些动作或战术逐渐内化,最终形成自动化反应。例如,在篮球训练中,运动员通过不断进行传球、运球和投篮练习,能够在比赛中更迅速地做出反应。内化的过程使得运动员在面对复杂的战术信息时,能够更高效地调动已有的知识和技能,从而有效应对高记忆负荷的挑战。

工作记忆容量的提升与认知表现密切相关。通过特定的记忆训练,如数字记忆法、空间记忆训练等,运动员可以显著提升在特定情境下的工作记忆容量。这不仅提高了信息处理的效率，还增强了多任务处理的能力。在瞬息万变的比赛中，运动员能够快速捕捉、存储和调用信息，直接关系到其决策的准确性和反应速度。

在运动场景中，优化信息编码策略意味着运动员不仅要学会如何接收和处理信息，还要学会将信息以最有效的方式存储在记忆中。这包括将战术信息、对手动态和比赛规则进行有效的组织与分类。运动员可以采用图像化、联想记忆和情境模拟等方法来提高对复杂信息的处理能力。例如，通过将战术信息视觉化，运动员能够在脑海中构建清晰的场景，从而在比赛中快速回忆相关信息，这不仅加快了信息提取的速度，还提升了决策的准确性。

认知灵活性指的是个体在面对新情况时，快速调整思维和行为的能力。对于运动员而言，认知灵活性使他们能够快速适应比赛中的突发事件，如对手的意外动作或战术调整。在训练中，通过模拟不同的比赛场景，运动员可以锻炼适应能力。通过设置不确定性和复杂性，运动员能够提高应对多变情况的能力，从而在比赛中更好地处理意外事件。

团队训练和协作也对记忆负荷的适应性调整产生积极影响。在团队运动中，队员之间的默契配合和信息共享能够有效减轻个体的认知负荷。当某个队员面临较高记忆负荷时，其他队员可以提供支持与帮助，从而减轻个人压力，提升整体表现。团队训练和有效沟通是运动员提高记忆负荷适应能力的重要环节。

心理学研究表明，运动员在训练与比赛中需要具备一定的自我监控与评估能力，及时察觉自身的认知负荷状态。通过自我评估，运动员可以主动调整策略，避免在过度疲劳时继续高负荷工作。当运动员意识到认知负荷过重时，可以采取休息或调整策略，恢复最佳认知状态。在高强度训练后，适当的恢复能够防止认知疲劳的积累，确保运动员在比赛中能够维持高效的认知表现。

为了有效提升记忆负荷的适应性调整能力，教练应根据运动员的个体差异，设计针对性的训练方案，帮助他们在高负荷下提高表现。个性化的训练计划能帮助运动员在适合的节奏下提升记忆负荷的应对能力。教练提供的及时反馈也能帮助运动员优化信息处理策略，提高他们在复杂情境中的判断力。

记忆负荷的适应性调整机制体现了个体在动态环境中持续学习和成长的过程。通过有效的训练、经验积累及团队协作，运动员能够在面对高记忆负荷时，迅速调整认知策略，提高决策的准确性和效率。这一机制不仅适用于运动领域，还为其他认知领域提供了重要启示。在快速变化和高压力的环境中，个体如何灵活适应并优化信息处理能力，已成为现代社会中极具价值的技能。

第三节　心理疲劳与认知功能的双向效应

一、认知功能下降的心理疲劳效应

在心理疲劳的影响下，认知功能的下降尤为显著，尤其是在经历长时间的精神和身体活动之后，个体的认知能力常常受到显著影响。心理疲劳不是疲惫的简单体现，而是一种深刻影响认知能力的状态，涉及注意力、工作记忆、决策速度等多个方面，通常伴随较高的认知资源消耗，会导致运动员在训练或比赛期间表现下降。

当个体经历心理疲劳时，前额叶皮层，即执行功能的核心区域受到的影响最为直接。该区域负责调节复杂的认知过程，包括计划、决策、注意力控制和任务切换等。心理疲劳状态下，前额叶皮层的功能显著受损，表现为注意力难以集中、记忆信息的存储与提取更加困难。尤其是背侧前额叶皮层对心理疲劳尤为敏感，当心理负担加重时，该区域的活动水平下降，从而影响整体认知效率。运动员在高强度训练或长时间比赛中，由于心理疲劳的累积，难以维持高度的认知功能，最终可能导致关键时刻判断失误。

神经递质的变化进一步解释了认知功能下降的机制。多巴胺作为与奖赏、动机及认知过程密切相关的神经递质，其水平在心理疲劳状态下往往发生波动。心理疲劳导致多巴胺合成和释放的减少，直接影响个体的动机水平和认知能力。多巴胺水平的下降使得注意力和学习能力受到负面影响，形成一个恶性循环，进一步加剧认知功能的下降。在运动员的训练或比赛过程中，若未能及时恢复认知资源，持续低迷的多巴胺水平会影响其反应速度和决策能力，最终导致表现的下降。

心理疲劳的影响不仅限于认知功能下降，还会对情绪状态产生负面效应。情绪波动与认知能力密切相关，疲劳状态会导致个体情绪不稳定，表现为焦虑、沮丧等负面情绪的增加，这会进一步妨碍认知功能的正常发挥，形成一个互相影响的闭环。长时间训练或比赛后，运动员容易出现情绪低谷，进而导致自信心下降和专注力减弱，这些都对竞技表现产生消极影响。心理疲劳既是认知功能下降的结果，也是情绪调节能力下降的体现，二者相互作用，进一步导致运动员的整体表现下降。

在此背景下，运动员在经历长时间训练和比赛后，必须充分重视认知资源的恢复。适当的休息、睡眠和放松训练能够有效缓解心理疲劳并恢复认知功能。短暂的休息可以显著提升运动员的认知能力和反应速度，对接下来的训练和比赛至关重要。通过采取有效的恢复策略，运动员不仅能减轻心理疲劳的负面影响，还能在心理和生理上为下一次挑战做好准备。通过心理训练和团队合作，运动员能够学会更好地管理自己的心理状态，从而提高在高压环境下的表现能力。良好的情绪调节能力有助于运动员在面对心理疲劳时更快恢复状态，保持积极心态，减少认知功能下降的影响。

二、认知功能恢复的心理疲劳影响

在运动领域，运动员经历高强度训练和比赛后的认知功能恢复直接影响其竞技表现。认知功能的恢复不仅涉及大脑的生理变化，还与个体的心理状态及环境因素密切相关。产生心理疲劳后，运动员需要通过科学的恢复策略来恢复最佳的认知能力，以确保在随后的训练或比赛中保持出色表现。恢复可通过多种机制实现，关键在于综合调节生理和心理因素。

睡眠是认知恢复的核心方式之一。尤其在深睡眠阶段，大脑进行自我修复与信息整合，清除代谢废物如 β-淀粉样蛋白。充足的睡眠有助于改善注意力、记忆力和决策能力，从而提升运动表现。运动员在高强度训练后需要确保充足的睡眠时间和质量，睡眠不足会导致注意力分散、反应迟钝甚至情绪波动，影响其认知功能。

放松技术，如冥想、深呼吸和渐进性肌肉放松等，能够有效降低压力水平，缓解生理和心理的紧张感，促进认知恢复。冥想被证实可以增强前额叶皮层的功能，这一区域与注意力控制和决策能力密切相关。定期进行冥想的运动员在比赛中能够更好地集中注意力，快速做出反应。心理调节机制使得运动员在面对比赛压力时，能够更从容地处理复杂信息，保持高效的认知表现。

均衡饮食对认知功能恢复至关重要。富含 Omega-3 脂肪酸、抗氧化剂和维生素 B 群的食物支持神经递质的合成与功能，有助于大脑健康。研究表明，Omega-3 脂肪酸（如鱼类、坚果）能够改善认知功能，增强记忆力；抗氧化剂则能减轻氧化应激对神经元的损伤，维护大脑功能。因此，运动员在训练和比赛期间需关注饮食结构，确保摄入足够的营养以支持认知恢复。

适当的体力活动同样促进认知功能的恢复。尽管高强度训练后运动员感到疲惫，但轻度的体力活动（如散步、拉伸等）有助于刺激血液循环，增加大脑的氧气和营养物质供应，从而加速精力恢复。规律的体育锻炼还被证明能促进神经生长因子的分泌，支持神经元的生长与修复。运动员应结合适当的休息和轻度运动，形成良性恢复循环。

心理疲劳的恢复不仅限于生理层面的调整，还涉及情绪和心理状态的管理。在训练和比赛过程中，运动员的情绪波动会显著影响其认知功能。负面情绪，如焦虑和沮丧，会加剧心理疲劳并影响注意力和记忆力。因此，运动员应学习情绪管理技巧，通过积极的心理暗示和情绪调节手段来缓解压力，提高应对比赛压力的能力。例如，视觉化训练帮助运动员在比赛前进行心理演练，增强自信心和集中力,从而促进认知功能的恢复。

认知功能的恢复不仅是运动员应对心理疲劳的结果,更是其在心理、营养和身体状态各方面协调的体现。有效的恢复策略能帮助运动员缓解心理疲劳,恢复认知功能,并提升其在高压环境中的表现能力。通过全面的恢复机制,运动员能够保持较高的认知水平,灵活应对复杂多变的比赛环境,展现优异的竞技表现。

三、认知功能与心理疲劳的相互制约

认知功能与心理疲劳之间存在相互制约的关系,特别是在高强度训练和比赛环境中,运动员的表现受到这两者的共同影响。认知功能包括注意力、记忆、决策等多项能力,每一项能力的下降都可能加剧心理疲劳;反过来,心理疲劳的累积又会进一步损害认知功能,形成恶性循环。这不仅影响运动员的心理状态,还直接影响其竞技表现。

在实际竞技场景中,运动员面临复杂的战术决策时,认知负荷的增加往往伴随着心理疲劳的加剧。如果认知功能受到影响,运动员在进行战术分析时将面临更大的困难,导致决策速度和准确性下降。随着认知负担的加重,运动员会感到心理疲惫,进一步加剧其疲劳感和挫败感。这种情况使得原本能够通过训练掌握的战术变得更加难以执行,进一步增加了心理压力。

心理疲劳的影响不仅体现在情绪层面,还在生理上表现出一系列负面反应。出现心理疲劳的运动员通常表现出焦虑、注意力不集中和决策迟缓等问题,严重影响比赛中的表现。从神经生物学角度来看,心理疲劳会导致大脑中与注意力和工作记忆相关的区域功能下降,抑制认知功能的发挥,使运动员在面对比赛压力时无法迅速做出有效反应。这表明认知功能的下降与心理疲劳的增加在运动员的训练和比赛中是交织在一起的。

此外,认知功能的缺失也可能影响运动员的自信心和动机,导致更加严重的心理疲劳。运动员在经历多次失误或表现不佳时,随之而来的心理疲劳感会使其对自身能力产生质疑,进而影响训练中的投入度和积极性。自我效能感的下降使得运动员在高强度训练和重要比赛中更加紧张和焦虑,这进一步削弱了其认知功能。当运动员在比赛中频繁经历负面情绪和思维模式时,往往会陷入更加严重的疲劳状态,影响整体表现。

如何打破这一恶性循环,提升认知功能并减轻心理疲劳之间的负面关系是关键所在。一方面,针对心理疲劳的管理策略可以通过适当的休息、放松训练和营养补充来实现。适当的休息时间有助于大脑和身体恢复,减轻心理负担,从而提高认知功能的表现。另一方面,心理技能训练已被广泛应用于运动员的训练计划中,帮助他们掌握应对压力和负面情绪的技巧。运动员可以通过这些技能更加有效地管理自己的心理状态,即使在认知负荷较大的情况下,仍然保持较高的表现水平。

采用分段训练的方法也能帮助运动员在短时间内高效学习并掌握战术，同时避免因过度疲劳导致认知能力下降。此外，通过积极的心理暗示和情绪调节技巧，运动员在比赛前可以增强自信心，提升认知表现，从而更好地应对比赛中的复杂情况。

四、认知功能与心理疲劳之间的动态平衡

认知功能与心理疲劳之间的动态平衡涉及个体如何有效管理有限的认知资源，以维持最佳的运动表现和心理健康。在长时间的训练或比赛过程中，运动员的认知负荷不断变化，因此建立灵活的调整机制显得至关重要。运动员需要实时监测自己的认知状态，并在感受到心理疲劳产生的迹象时，迅速采取相应的恢复措施。

在动态平衡中，认知资源包括注意力、工作记忆和执行功能等。由于这些资源有限，如何高效利用它们直接关系到运动员在高压环境下的表现。尤其在高强度比赛中，运动员需要同时处理复杂的信息，如对手的策略、队友的位置及自身的体能状况。如果认知负荷过重，容易导致心理疲劳的累积，从而影响决策速度与准确性。因此，运动员需要在训练中学习如何合理分配和调节认知资源，以应对不同的竞技要求。

有效的恢复不仅仅是生理上的休息，还包括心理层面的调节。定期的休息有助于运动员在训练和比赛间恢复体能，而营养补充则帮助保持身体和大脑的最佳状态。心理技能训练，如冥想、深呼吸和可视化等方法，已被广泛应用于运动员的训练中，这些方法有助于减轻心理疲劳，增强专注力和自我调节能力，从而提升整体表现。

动态平衡的实现还需要运动员具备较强的自我意识，能够识别疲劳的迹象及这一状态对认知功能的具体影响。自我监测不仅能帮助运动员及时发现疲劳，还促使他们采取适当的恢复措施。运动员可以通过日志记录、心理状态评估工具或生理监测设备来追踪自己的状态，了解何时需要调整训练强度或进行恢复。通过主动控制训练与恢复的节奏，运动员可以避免心理疲劳的过度累积。

此外，教练也应关注运动员的认知和心理状态，及时给予指导和建议。通过营造积极的训练氛围和开放的沟通渠道，运动员可以更自由地表达感受和需求，从而获得更有效的支持。团队的协作和相互理解能够构建良好的训练环境，帮助运动员在面临压力和挑战时得到及时的反馈与支持。

在这一动态平衡过程中，适量的心理压力能够激发运动员的潜力，促使其在训练和比赛中发挥出色。然而，当压力超出个体承受范围时，可能导致心理疲劳和认知功能下降。因此，教练与运动员应共同制定合理的目标和挑战，确保训练

的有效性和运动员的心理健康。

五、认知功能与心理疲劳的干预措施

认知功能与心理疲劳的干预措施是优化运动员表现与维护心理健康的核心要素，其不仅能减轻心理疲劳对认知功能的负面影响，还能促进认知功能的有效恢复。干预措施涵盖心理、生理与环境多个维度，强调根据运动员的个体需求和实际情况量身定制，从而实现最佳效果。

（一）心理干预措施

1. 认知行为疗法：认知行为疗法帮助运动员识别并改变负面思维模式，从而降低心理疲劳感。其核心在于提供一种结构化的方法，帮助运动员更好地应对压力与挑战。经过认知行为疗法训练的运动员，在面对比赛压力时，通常表现出更高的自我效能感与情绪调节能力。

2. 正念冥想：正念冥想作为一种流行的心理干预方法，能够帮助运动员提升对当下体验的觉察，减轻焦虑与压力。通过定期练习正念冥想，运动员可以改善注意力和情绪稳定性，从而提高认知表现。

3. 压力管理技巧：深呼吸、渐进性肌肉放松等方法能够有效降低生理和心理上的紧张感，帮助运动员在高强度训练和比赛中保持清晰的思维。

（二）生理干预措施

1. 科学的营养摄入：科学的饮食能够提供身体和大脑所需的能量和营养素，从而提升运动员的认知表现。例如，富含 Omega-3 脂肪酸的食物（如鱼类和坚果）不仅能够增强神经功能，还有抗炎作用，有助于提高注意力和记忆力。此外，抗氧化剂（如维生素 C、维生素 E 和锌）能够抵抗氧化应激，保护大脑免受损伤。

2. 适当的睡眠：睡眠是恢复认知功能的关键因素。睡眠不足会导致注意力下降、决策能力降低、反应时间延长等问题。确保充足且高质量的睡眠时间，有助于有效提升运动员的认知表现，帮助其在训练和比赛中维持清晰的思维和迅速的反应。

3. 体力活动的适度增加：适度的有氧运动，如慢跑、游泳或骑自行车，有助于改善心理疲劳和增强认知功能。这些运动能促进血液循环，增加大脑氧气供应，改善认知表现。此外，力量训练不仅能提高身体素质，还能通过增强自信心和心理韧性间接提升认知功能。

（三）环境干预措施

1. 优化训练与比赛环境：提供适宜的训练条件，如充足的水分、适宜的温度和高质量的场地设施，可以显著提升运动员的训练效果和心理舒适度。例如，适宜的训练场温度与湿度可以减少运动员在训练中的不适感，缓解心理疲劳。

2. 个性化训练计划与恢复期：根据运动员的心理和生理状态，个性化调整训练强度与内容至关重要，避免过度训练所导致的心理疲劳。同时，合理安排恢复期、交叉训练和休息日，有助于运动员的认知恢复与疲劳管理。

3. 冷疗与心理恢复空间：现代运动科学研究表明，适当的冷疗可以降低炎症反应，加速恢复过程。此外，设置放松室或安静区域，为运动员提供缓解压力和恢复精力的场所，有助于快速恢复认知功能。

（四）个性化干预方案与评估机制

每位运动员的心理承受能力、身体素质和训练背景都有所不同，因此制定个性化的干预方案至关重要。通过运动心理学评估工具，教练和心理辅导人员可以帮助评估运动员的心理状态，从而设计符合其实际需求的干预策略。定期评估与反馈机制也是优化干预措施的必要环节，通过监测运动员的心理状态和认知表现，及时调整干预策略，确保最佳效果的实现

第四节　心理疲劳对决策与判断的影响

一、决策质量下降的心理疲劳因素

心理疲劳对决策质量的影响涉及多个认知和情感层面，其复杂性在于心理疲劳会全方位削弱个体的信息处理能力、反应速度及情绪调节能力。在决策过程中，个体需要高效的工作记忆能力，以便处理、存储和调用复杂的相关信息。然而，随着心理疲劳的累积，工作记忆的容量受到抑制，导致个体难以在有限的时间内有效整合和分析大量信息。这一效应在个体面对复杂决策情境时尤为显著，尤其在需要快速判断和应对动态变化的环境下，心理疲劳的影响会进一步加剧（表 3-2）。

表 3-2　决策质量下降中的心理疲劳因素分析

变量名称	影响机制	主要表现
工作记忆容量	记忆容量减少	信息整合困难，导致判断力减弱
注意力持续性	注意力难以维持	任务执行中容易出现忽略或分心
反应抑制能力	反应时间延迟	决策效率下降，判断偏差增加
情绪调节能力	情绪波动影响决策	情感判断失误，情绪主导选择

其中，表 3-2 揭示的不同因素相互作用进一步加剧了心理疲劳对决策质量的负面影响。当个体面临需要快速反应的决策任务时，注意力的分散使得他们无法

充分专注于评估所有相关变量,从而忽略某些关键信息。在此状态下,个体不仅可能忽视潜在的风险,还可能由于无法维持对决策过程的全局掌控而做出不当的选择。心理疲劳常伴随情绪波动,情绪调节能力的下降进一步削弱了个体在复杂情境中保持理性决策的能力。情绪波动会促使个体更加依赖感性判断,从而放大或扭曲外部刺激的影响,导致在权衡利弊时产生认知偏差。

这一效应所产生的影响在运动场景中尤为显著。在高强度的比赛中,运动员的情绪波动可能会削弱其理性判断的能力,从而导致表现不稳定。运动员在面对瞬息万变的比赛环境时,若未能有效调节情绪,往往会出现决策失误,甚至影响整体表现的稳定性。

心理疲劳不仅在短期内对决策质量产生影响,其影响具有累积效应。其表现为随着心理疲劳的累积,个体的认知功能逐渐恶化,长时间的高强度决策任务会加剧个体的疲劳程度,导致后续决策表现进一步下降,其累积效应可以通过式(3-2)进行描述:

$$Q_{t+1}=Q_t-\alpha F_t \tag{3-2}$$

其中,Q_t 表示在时间 t 的决策质量,F_t 表示时间 t 的心理疲劳程度,α 为心理疲劳对决策质量影响的系数。公式中的递减关系表明,心理疲劳的累积效应将导致后续的决策质量逐渐降低。

与之对应,心理疲劳的影响还表现在个体对信息处理策略的选择上。在正常情况下,个体倾向于采用精细加工策略,即通过全面分析可用信息,做出理性决策。然而,当心理疲劳发生时,个体更容易依赖启发式策略,这些策略通常基于经验、直觉或简单规则。虽然启发式策略能够在某些情况下提高决策的速度,但它们往往会导致决策质量的下降。启发式策略的使用倾向容易引发偏差,影响决策的准确性和合理性,尤其是在需要复杂分析或长时间决策的情境中,可能导致出现不合适的判断或忽略重要信息(表 3-3)。

表 3-3 启发式策略与精细加工策略的对比

策略类型	信息处理方式	决策速度	决策质量
启发式策略	依赖经验与直觉	快速	准确性和合理性不稳定
精细加工策略	全面分析信息	较慢	决策质量较高

从表 3-3 中可以看出,心理疲劳促使个体从精细加工策略转向启发式策略。虽然这种转变能够在短时间内降低决策负荷,但也增加了出错的风险。例如,当疲劳的医生面临复杂病情时,可能更依赖以往的经验或先入为主的判断,而忽略新出现的症状或潜在隐患,从而影响诊断的准确性。此外,反应抑制是关键的认知控制机制,帮助个体忽略不相关或干扰性的信息。当心理疲劳削弱反应抑制能

力时,个体更容易受到干扰信息的影响,导致判断力下降。

二、判断准确性降低的心理疲劳分析

判断准确性是个体评估信息和做出决策时的核心认知功能之一,影响从日常选择到复杂情境的应对。心理疲劳会在多个层面影响此功能,尤其在注意力、工作记忆、执行功能和信息处理速度方面。当心理疲劳积累到一定程度时,个体往往难以在有限时间内全面、客观地处理信息,导致决策中的认知出现偏差或误判,进而降低判断准确性。其干扰不仅体现在信息处理速度的减慢,还体现为影响个体对环境中关键线索的关注与识别,最终降低决策质量(表 3-4)。

表 3-4 心理疲劳影响判断准确性的机制分析

心理功能	疲劳影响机制	具体表现
注意力持续性	注意力难以维持	无法长时间集中精力,导致漏掉关键信息
记忆功能	工作记忆容量减少	信息整合困难,无法有效提取和存储判断依据
执行功能	执行控制能力减弱	决策过程中的抑制控制下降,易受干扰信息影响
反应速度	信息处理速度下降	反应时间延迟,判断精度降低

注意力的衰退直接影响个体在复杂情境中的信息筛选与处理能力。当心理疲劳发生时,个体容易忽视关键信息,受到无关信息的干扰,进而影响决策质量。在面对多任务情境时,个体的注意力资源有限,尽管经过训练的专业人员如医生、金融分析师或运动员具备一定的应对能力,但在疲劳状态下,持续保持高效的判断力变得困难,最终可能导致出现错误的结论。

工作记忆是个体暂时存储和操作信息的认知系统,它有助于个体在决策过程中整合和处理多维度的信息。然而,心理疲劳会削弱工作记忆的功能,导致个体难以在同一时间有效处理多条信息。尤其在时间紧迫的情况下,个体往往难以同时整合并评估关键信息,这使得信息整合过程可能出现遗漏或错误,进而降低决策的准确性。为了量化影响,通过式(3-3)描述工作记忆对判断准确性的削弱效应:

$$A_t = A_0 - \beta F_t \tag{3-3}$$

式中,A_t 表示时间 t 的判断准确性;A_0 表示在无疲劳状态下的初始判断准确性,F_t 表示时间 t 的心理疲劳程度;β 为心理疲劳对判断准确性影响的系数。随着心理疲劳的积累,个体的判断准确性逐步下降,不可避免地削弱了判断质量。

在具体应用领域中,判断准确性的下降不仅表现为个体对事实和逻辑的错误解读,还体现为情绪与压力对判断过程的干扰。心理疲劳往往伴随着情绪波动,疲劳状态下的个体更容易出现情绪不稳定,进而放大对外界信息的错误解读。当个体处于疲劳状态时，他们的情绪调节能力减弱，更容易受到压力和焦虑的影响，这些情绪反应可能干扰信息的客观处理，影响决策的理性（表3-5）。

表3-5　判断准确性降低的情绪与压力因素分析

因素类型	影响机制	具体表现
情绪波动	情绪调节能力下降	情感判断失误，情绪主导决策
压力水平	压力与疲劳叠加效应	决策过程中过度关注消极信息，忽视客观事实
外界干扰	环境干扰增加	分心导致无法全面评估信息，判断偏差增加

在高压情境下，疲劳会削弱个体的情绪调节能力，使个体更容易受到外界负面刺激的影响，从而无法保持理性和客观的判断。在运动领域，特别是需要快速反应和高效决策的场景下，疲劳状态下的运动员往往会因为情绪波动而导致判断失误。执行功能包括个体在决策过程中对冲动的抑制、对复杂问题的解决能力以及对任务完成的规划和监控。当心理疲劳降低执行功能时，个体往往无法在面对干扰信息时有效抑制错误的判断或冲动反应，不仅会增加判断中的失误率，还会影响个体在复杂情境中的应对能力（表3-6）。

表3-6　心理疲劳影响执行功能的表现

执行功能	疲劳影响机制	决策失误表现
抑制控制	抑制干扰信息能力下降	决策过程易受无关信息干扰，判断偏差增加
问题解决能力	复杂问题处理效率降低	面对复杂任务时无法全面分析，容易选择简单化解决方案
任务监控	任务规划与执行控制减弱	难以维持对任务的持续监控，容易在过程中偏离目标

表3-6所示心理疲劳对执行功能的负面影响，特别是在需要长期规划和任务监控的情境中，心理疲劳使个体难以保持高效的任务执行和问题解决能力，导致判断中的失误增多。这种影响不仅限于运动领域，还广泛存在于需要精细分析和长期控制的高压力职业环境中，如外科手术、复杂工程项目管理等。个体在无法维持长时间的任务监控和执行控制时，更容易因为判断失误导致出现系统性风险或错误。

三、心理疲劳对风险评估的影响

心理疲劳对风险评估能力的影响深刻且复杂，主要体现于个体在判断潜在威胁和利益时的感知、处理及决策过程中。正常情况下,个体在权衡选择时,会结合经验、知识及环境信息进行相对客观的风险评估。然而,随着心理疲劳的增加,个体的风险认知会出现偏差,通常表现为两种截然不同的倾向:一方面,疲劳可能使个体过度夸大潜在风险,导致过度谨慎或回避决策;另一方面,疲劳也可能削弱个体对风险的敏感性,从而增加冒险行为。

心理疲劳对风险评估的影响可通过认知功能的下降来解释,即疲劳削弱了个体的注意力和工作记忆,限制了其全面评估风险相关信息的能力,进而影响风险感知和决策。在疲劳状态下,个体的注意力往往集中在突出的负面信息上,从而放大了风险感知,导致其在决策时犹豫不决,甚至回避某些具有潜在收益的机会。此外,疲劳还会干扰个体的情绪调节能力,增加焦虑感,从而抑制积极决策的能力。

与此相对,疲劳状态下的个体也可能表现出风险低估的倾向,这与执行功能的衰退密切相关。疲劳削弱了个体抑制冲动行为的能力,使其在面对诱惑时容易做出草率决策。在高度疲劳状态下,个体的反应速度减慢,感知能力下降,导致其难以全面识别潜在的风险因素。风险低估的倾向还可以通过式(3-4)描述:

$$R_t = R_0 - \gamma F_t \tag{3-4}$$

式中,R_t 表示时间 t 的风险评估水平;R_0 表示无疲劳状态下的初始风险感知水平;F_t 表示时间 t 的心理疲劳程度;γ 为心理疲劳对风险评估能力削弱的系数。该公式表明,随着心理疲劳的累积,个体的风险评估能力逐渐下降,进而导致在面对复杂情境时做出不理性的风险判断。

表 3-7 总结了心理疲劳对风险评估的多维度影响,揭示了个体在疲劳状态下的两种主要倾向:一方面,疲劳使个体过度关注负面信息,或由于情绪波动而放大对风险的感知。这种风险放大的现象通常伴随着决策时的高度焦虑,促使个体倾向于回避风险,采取保守策略。另一方面,疲劳导致执行功能的下降,使个体在面对复杂情境时难以抑制冲动反应,忽略潜在风险,从而做出冒险行为。

表 3-7　心理疲劳对风险评估能力的影响机制分析

认知功能	疲劳影响机制	具体表现
注意力	注意力资源减少	注意力集中于某些负面信息,导致过度估计风险
情绪调节	情绪焦虑增强	情绪波动引发对潜在风险的过度感知
工作记忆	信息处理能力下降	无法全面整合风险相关信息,导致风险低估或忽略
执行功能	冲动抑制能力下降	行为冲动增加,冒险行为增多

在高强度的竞技环境中,运动员需要迅速评估风险并做出决策。心理疲劳状态下,运动员对潜在风险的评估能力显著下降,通常表现为两种典型倾向:一是过

度谨慎,导致错失关键机会;二是过度冒险,做出不应采取的激进行为。例如,疲劳状态下的赛车手在面对超车机会时,可能因过度估计风险而选择放弃,从而错失获得优势的良机,或是疲劳使其难以准确评估车速与赛道状况之间的风险,导致采取过于激进的策略,最终可能引发意外。

表 3-8 列出了运动环境中不同类型的风险评估表现,揭示了疲劳对运动员行为的双重影响:一方面,心理疲劳可能导致运动员过度谨慎,错失表现机会;另一方面,疲劳还可能削弱他们对潜在风险的感知,从而增加冒险行为。除了在运动领域,心理疲劳对风险评估的负面影响在其他高风险领域同样显著。例如,医生在长时间高强度工作后,心理疲劳可能导致对病情的评估偏差,从而做出过于保守或激进的治疗决策;在金融交易中,投资者在长时间分析市场数据后,由于疲劳导致风险感知下降,可能在市场波动时做出不合适的投资决策。

表 3-8　疲劳状态下运动员的风险评估表现

运动情境	风险评估影响	决策表现
赛车手	风险放大	放弃超车机会,失去竞争优势
篮球运动员	情绪焦虑增强	过度依赖防守,错失进攻时机
登山运动员	注意力资源减少	忽视环境变化,做出冒险攀登决策

为了系统性理解心理疲劳在风险评估中的作用,通常运用风险容忍度和风险厌恶度来衡量其影响。疲劳状态下,个体的风险容忍度通常显著降低,表现为对潜在风险的过度敏感,与此同时风险厌恶度上升,导致个体在面对高风险情境时倾向于规避决策。通过综合分析这些指标,可以更全面地理解心理疲劳对风险评估的机制。

四、心理疲劳与决策速度的关系

心理疲劳对决策速度的影响体现在个体信息处理能力和对外界刺激的反应时间上。决策速度涉及感知、思考、判断和执行等多个过程,而疲劳会削弱这些环节的效率,导致决策变得更加缓慢。无论是在日常决策还是高强度的运动环境中,心理疲劳都会使个体需要更长时间整合信息、分析选择并做出决策。疲劳状态下,个体信息处理速度受到工作记忆和注意力资源的限制,认知负荷增加,在决策时消耗更多时间。

心理疲劳削弱工作记忆,影响个体信息的处理和存储能力。工作记忆容量有限,而在疲劳状态下,认知资源不足,无法有效处理大量或复杂的信息。特别是当需要综合考虑多个因素时,疲劳的个体往往难以同时处理所有信息,从而降低决策速度,这种现象在复杂情境中尤为明显。

此外,疲劳还消耗注意力资源,使个体难以集中精力处理决策所需的关键信息。在正常状态下,个体能够迅速筛选出相关信息,排除干扰。然而,疲劳导致注意力容易受到无关刺激干扰,延长了信息处理时间。疲劳还可能导致注意力波动,使个体在决策过程中难以持续专注,进一步拖延决策。疲劳个体常因分心或反复处理同一信息,忽视关键信息,从而推迟决策。心理疲劳还伴随情绪波动,出现焦虑和不安,这些负面情绪加剧犹豫不决,进一步延缓决策过程。在运动心理学中,运动员需在短时间内做出决策,而疲劳的累积直接影响这一能力。式(3-5)可以直观地表达心理疲劳对决策速度的影响:

$$S_d = S_0 - \delta F_t \tag{3-5}$$

其中,S_d 表示决策速度,S_0 为无疲劳状态下的初始决策速度,F_t 表示时间 t 时的心理疲劳程度,δ 为心理疲劳对决策速度减缓的影响系数。该公式表明,随着心理疲劳的增加,个体的决策速度将逐渐下降。尤其在面对高度复杂或要求高反应速度的情境下,心理疲劳的累积效应更加明显。

从表 3-9 可知,心理疲劳通过多种途径影响决策速度,包括认知资源的减少、注意力的分散、情绪波动的加剧及反应速度的减缓等。这些因素共同作用,使个体在面对复杂或高压情境时,无法像在清醒状态下那样迅速做出有效决策。

表 3-9　心理疲劳对决策速度的影响机制分析

影响因素	疲劳影响机制	具体表现
工作记忆	认知资源减少	无法同时处理多重信息,使决策速度减慢
注意力	注意力分散	难以筛选关键信息,导致决策延迟
情绪波动	焦虑和不确定感增加	犹豫不决,延长决策时间
反应速度	神经系统反应迟缓	无法快速处理环境刺激,决策过程放慢

心理疲劳导致的决策速度减慢,不仅影响比赛结果,还可能对运动员的安全构成威胁。例如,在赛车运动中,疲劳引起的决策延迟可能直接增加事故发生的风险。当赛车手在高速行驶时无法及时判断前方路况变化或对手行为,他们可能做出错误操控,导致车辆失控或发生碰撞。在高空跳伞或极限滑雪等需注意力高度集中的项目中,疲劳使反应速度减慢,可能使运动员在关键时刻无法迅速采取必要的安全措施,从而增加事故的发生概率。

除了运动领域,心理疲劳对决策速度的影响在其他高压工作环境中也广泛存在。飞行员在长时间飞行后,因疲劳导致决策速度减慢,可能影响对飞机的安全操作。尤其在突发飞行异常时,飞行员可能无法迅速作出正确反应,从而增加出现事故的风险。同样,疲劳的医生在紧急医疗操作中,可能因反应迟缓而未能及时采取抢救措施,影响患者的治疗效果。

从长远角度来看，心理疲劳对决策速度的影响不仅体现在即时反应迟缓，还体现为影响个体的长期表现并带来更为严重的后果。在长期高压工作环境中，个体的心理疲劳积累可能导致决策效率持续下降，从而对职业表现产生负面影响。慢性疲劳效应会削弱个体的整体工作表现，使其在日常工作中更容易犯错或做出不当决策。

五、心理疲劳对决策策略的调整

心理疲劳影响决策策略的调整，尤其在疲劳状态下，个体往往放弃复杂的分析与推理过程，转而依赖更为简化的启发式和经验法则。这种策略调整通常伴随认知资源的减少，导致决策效率和准确性下降。在疲劳状态下，个体面对多种选择时，无法对所有可能性进行深入评估，转而采用默认的简化策略，以应对信息处理能力下降的情况。

启发式策略是一种常用的简化决策工具，依赖过往经验、直觉判断和简单规则，旨在减少对复杂信息的需求。正常情况下，启发式策略有助于提高决策效率，尤其在时间有限或信息不完全的情况下。然而，疲劳会增加个体对启发式策略的依赖，导致在本应进行更仔细评估时，仍倾向于采用简化策略，从而影响决策质量。在这种情况下，个体因认知资源不足而忽视细节或关键因素，做出与实际需求不符的决策。

心理疲劳对决策策略调整的典型表现是“认知节约”策略的使用，即通过减少信息的整合与评估来降低大脑的负担。这虽然减轻了认知负荷，但也可能导致对潜在风险和回报的分析不够全面，影响决策结果的准确性。

在不同情境下，心理疲劳对决策策略的影响可能呈现不同趋势。在面对复杂情境时，个体往往选择更为保守的决策方式，避免因精力不足而做出高风险决策。保守性策略通常表现为倾向选择熟悉且安全的方案，而非尝试新的、不确定的路径。通过减少需要处理的变量，个体能在较低认知负荷下保证一定决策质量，尽管这可能限制了创新性和灵活性。反之，在某些情况下，疲劳可能导致个体变得更加冒险，尤其当其希望快速完成任务以减少持续疲劳时，往往伴随着对风险的低估，无法全面评估潜在风险或成本，过于乐观地预期某种行为的成功。

在高强度竞技环境中，运动员需频繁进行复杂决策，以应对瞬息万变的赛场情况。当运动员处于疲劳状态时，信息处理能力下降，策略调整不可避免。例如，在篮球比赛中，疲劳的运动员由于体能和精力的削弱，会主动减少对对手动作的预判，转而依赖更简单的防守或进攻策略，如通常在突破时选择单一传球路线，而非评估所有进攻选项。虽然这种简化策略减轻了认知负担，但也降低了进攻的多样性和灵活性，容易被对手防守。在网球比赛中，疲劳选手可能通过缩短回合、快速发球或直接进攻来减少体力消耗。尽管这种冒险策略带来的收益有限且风险较高,但它能在短期内减轻身体与心理的双重压力。

为更好理解心理疲劳对决策策略调整的影响,可以通过式(3-6)描述这一调整过程。假设决策策略的复杂性可以用变量

$$C_s = C_0 - \alpha F_t \cdot R_c \tag{3-6}$$

其中,C_0 是无疲劳状态下的决策策略复杂性,α 是心理疲劳对策略复杂性影响的系数,F_t 是时间 t 时的疲劳水平,R_c 为当前的认知资源量。从式 3-6 可以看出,随着疲劳水平的增加,个体的决策策略复杂性逐渐降低,疲劳不仅消耗了认知资源,还迫使个体做出简化的策略调整,从而在有限的资源下完成任务。

从表 3-10 可以看出,心理疲劳通过多种机制影响个体的决策策略,疲劳状态下,个体更容易依赖启发式规则,选择保守或冒险的策略,减少对信息的处理和分析。这些调整的背后是认知资源的减少与情绪状态的波动共同作用的结果。

表 3-10 心理疲劳对决策策略调整的影响分析

影响因素	策略调整机制	具体表现
启发式依赖	简化认知过程	依赖过往经验和简单规则,忽略细节
保守策略	风险规避	选择安全方案,减少信息处理
冒险策略	迅速结束任务	低估风险,追求快速结果
情绪波动	情绪驱动决策	情绪波动导致决策不稳定,增加偏差

在极限运动中,疲劳导致的决策策略调整表现得尤为明显。当运动员在长时间的比赛中经历体力和心理的双重疲劳时,他们往往会采取更直接的方式来应对比赛的变化。登山运动员在高海拔区域长时间攀登后,认知功能下降,在面对突如其来的天气变化时,会放弃复杂的判断选择快速下撤,虽然这样能够降低他们的身体负担,但也会因为判断失误导致安全隐患增加。

第四章　运动性心理疲劳的测量方法

第一节　主观报告与量表构建

一、心理疲劳自评量表的构建原则

心理疲劳作为一种主观体验，其测量方法的有效性和科学性至关重要。自评量表是评估心理疲劳的重要工具，能够反映个体在运动过程中的心理负荷和情绪状态。构建一个科学合理的心理疲劳自评量表，不仅需要保证其信效度，还应注重量表内容的全面性和条目设计的精确性。以下是构建心理疲劳自评量表时需要遵循的几个原则：

理论基础的明确性：在构建量表时，必须明确心理疲劳的理论框架与核心概念。这为量表条目的设计提供了理论指导，确保量表内容能够覆盖心理疲劳的不同维度，如注意力不集中、情绪低落、疲劳感知等。清晰的理论框架不仅有助于提升量表的有效性，也为后续的实证研究提供了坚实的基础。

条目内容的全面性：心理疲劳的表现具有多维度性，因此在量表条目的选择上要兼顾各方面的表现形式。除了生理上的疲劳感知，还应考虑情绪、认知和行为方面的影响。例如，注意力难以集中、决策迟缓、情绪不稳等，都是运动性心理疲劳的潜在表现。量表条目应确保这些因素得到充分反映。

简洁明了的表述：为保证受试者能够准确理解每一个条目的含义，量表的语言应简洁明了，避免使用过于专业或复杂的术语。此外，条目的表述应避免模糊性，确保个体能够根据自身的真实感受作出准确评估，从而提高测量结果的准确性。

情境适应性：运动性心理疲劳的表现可能随运动类型、训练强度及个体差异而有所不同。因此，在量表设计时，应考虑到不同运动项目和训练情境的特殊性。通过量表的情境适应性调整，可以提高量表在不同运动员群体中的普适性和有效性。

信度与效度的检验：构建完成后，心理疲劳自评量表的信度和效度需要经过严格检验。信度检验可以确保量表测量的一致性和稳定性，效度检验则能够验证量表是否能够真实有效地反映心理疲劳的各个方面。常用的信度与效度检验方法包括内部一致性检验、重测信度检验及构想效度检验等。

通过以上几个原则的遵循,可以确保心理疲劳自评量表具备较高的科学性与实用性,从而为运动员心理疲劳的研究和干预提供有效的工具。

二、心理疲劳量表的常模发展

心理疲劳量表的常模发展为量表的应用提供了明确的参考框架。常模的构建涉及大量数据的收集与分析,旨在形成一套能够反映特定人群心理疲劳特征的标准值。该过程需要选择具有代表性的样本群体,须考虑不同年龄、性别、教育程度和社会经济背景等因素,以确保常模结果的普适性和科学性。对不同人群的调查与数据收集,可以在一定程度上反映整个社会的心理疲劳水平,为常模的建立提供坚实的数据基础。

在样本选择阶段,确保样本数量足够大至关重要。让样本量应达到一定规模以提高统计分析结果的可信度与精确度。常模建立通常遵循统计学原则,例如采用分层随机抽样等方法,减少选择偏差。数据收集后,必须对问卷数据进行严格整理与清洗,剔除缺失值和异常值,确保数据质量。整理完成后,分析阶段将进行描述性统计,计算样本的均值、标准差和百分位数等指标,这不仅为常模的初步框架提供依据,也为进一步的比较和分析奠定基础。

常模的建立使得个体得分能够与一般人群进行对比,从而评估其心理疲劳程度是否超出正常范围。根据量表的设计目标,常模通常会被划分为多个维度或类别,以反映不同层面的心理疲劳状况。对样本得分分布的分析,可以将其分为不同等级,如轻度疲劳、中度疲劳和重度疲劳。常模的划分有助于更直观地了解个体的心理状态,并为后续干预措施提供科学依据。若某个个体的得分明显高于常模值,说明其心理疲劳程度超过一般水平,可能需要专业的干预与支持。

在常模发展过程中,还需考虑影响心理疲劳的多种因素,如生活方式、工作环境和心理健康状况等。分析这些因素有助于调整常模,确保其更具现实意义。例如,某些特定职业群体因工作压力较大,可能普遍存在较高的心理疲劳水平。在这种情况下构建常模时应充分考虑这些外部因素的影响。个体的心理疲劳水平与生活方式、社会支持网络等密切相关,因此,常模的建立需要综合考虑这些因素。

除了进行基础的统计分析,常模的发展还应进行验证性分析,以确保其稳定性和可靠性。重复取样或分层验证等方法,能够确保所构建的常模在不同人群中得到一致的表现。同时,定期更新常模也是必要的。随着社会环境、生活方式和人们心理状态的变化,原有的常模可能逐渐失去参考价值。因此,动态监测和调整常模是保持其科学性和适用性的关键步骤。

在实际应用中,常模不仅用于心理疲劳的评估,还为相关领域的研究提供了重要参考数据。常模的应用,可以深入分析心理疲劳的成因及其对个体健康的影响。比较不同人群的常模,有助于揭示某些特定群体在心理疲劳方面的脆弱性,为政策制定提供科学依据。此外,常模还可为教育、医疗和企业管理等领域的实践提供指导,帮助制定有效的干预措施,以降低个体的心理疲劳水平,提高整体心理健康水平。

在实施心理疲劳量表常模发展时,应明确研究目标,确保所建立的常模与特定应用场景的需求相符合。数据收集方式应保持多样性,采用问卷、访谈等多种形式,以确保样本的代表性。分析方法需科学合理,结合描述性统计、推断统计等多种分析手段,确保数据的真实性和有效性。

三、心理疲劳评估工具的应用指南

心理疲劳评估工具的应用指南为专业人士提供了一套系统的使用流程,旨在确保评估的有效性与可靠性。该指南不仅能帮助提升评估效率,还能增强运动员的体验,确保评估结果的准确性。以下是评估工具应用的主要步骤和注意事项。

(一)评估工具的准备

在准备阶段,首先需要确认量表的适用性和可靠性。选择合适的心理疲劳评估工具是成功应用的基础。工具应经过科学验证,具备良好的信效度。指南应明确说明工具适合的使用人群,如学生、职场人士、特殊群体等,并提供针对不同群体的使用建议。心理疲劳的表现及其影响因素因群体不同而有所差异,因此,在选择评估工具时,必须考虑目标人群的特征和需求。确保所用工具与运动员的背景、文化和语言能力相匹配,以提升评估的有效性。

(二)指导运动员填写量表

在指导运动员填写量表时,应用指南应提供详细的说明,帮助运动员理解评估的目的和意义。指南应简明易懂,确保运动员在填写过程中没有困惑或不安。特别是每个条目的含义应阐释清晰,评分标准应明确,运动员需要根据真实感受进行评分。可以通过简短的引导性语言鼓励运动员认真填写,并强调评估结果将帮助提供适当的心理支持和干预措施。此外,填写量表的环境应保持安静舒适,避免外界干扰,以便运动员专注于自我反思。

(三)结果解读与干预措施

量表填写完成后,应用指南应详细说明如何解读得分,包括得分的范围、不同得分所代表的心理疲劳程度,以及如何将得分与常模进行对比。得分通常可分为轻度、中度和重度疲劳等等级。指南中应明确列出具体的评分标准,并提供对不同得分范围的解读,以便更好地理解运动员的心理状态,进而制定合适的后续措施。

对于得分不同的运动员,应用指南应提供相应的干预建议。例如,轻度疲劳的个体可通过调整生活方式(如增加休息和放松时间)来改善状态。对于中度或重度疲劳的个体,则需要更为系统地干预,包括心理咨询、行为治疗或参与压力管理项目。指南中可以附上具体的干预措施,帮助专业人士根据评估结果迅速采取有效行动。

(四)数据管理与隐私保护

在数据管理方面,评估过程中的信息保护至关重要。指南应详细说明数据的保存与处理流程,确保数据的匿名性和机密性。收集的数据应仅应用于评估目的,未经运动员同意,不能向外部披露。此外,应用指南还需明确数据的存储时间,说明数据将在何种情况下被销毁,以保护运动员的隐私。

(五)结果分析与反馈机制

在数据处理过程中,应用指南应提供关于如何分析评估结果的具体建议。通过描述性统计、推断性统计等方法,专业人士可以对评估结果进行深入分析,探索不同变量之间的关系,从而更好地理解运动员的心理疲劳状态及其影响因素。这为后续研究和干预措施提供支持。

此外,为确保评估工具的持续有效性,应用指南还应设立反馈机制。通过收集运动员和实施者的反馈,评估工具的使用经验和改进意见将被纳入参考。定期复审和更新评估工具,确保其适应性和有效性,以跟上社会和心理健康领域的变化。

四、心理疲劳量表的跨文化适应性

心理疲劳量表的跨文化适应性是确保其在不同文化环境中有效性的关键环节。文化差异在很大程度上影响个体对心理疲劳的理解、体验和表达。因此,在使用量表时,必须进行系统的跨文化适应性调整。跨文化适应性不仅包括量表的语言翻译,还需深入理解个体的文化背景、社会规范和心理状态,以确保量表条目在不同文化中具有相同的意义和效度。

(一)语言翻译与语义等效性

在量表条目的翻译与调整过程中,语义等效性是应首要考虑的因素。单纯的直译可能导致原意丧失,或产生文化上不恰当的表述。因此,翻译时应结合文化背景进行适当调整,确保每个条目都能被目标文化中的个体准确理解。在此过程中,专业翻译人员与心理学专家的合作至关重要,他们可以提供文化适应性的建议,确保翻译后的条目能够有效传达原有的心理疲劳概念。

(二)语文化适应性试验与信度检验

翻译完成后,量表需要进行文化适应性试验,包括在目标文化群体中进行小规模的预调查,以收集反馈并进行调整。评估量表条目的理解程度与回答的自然性，能够发现潜在的文化障碍，并据此优化量表内容。此外，信度检验应通过内部一致性检验、重测信度检验等方法，确保量表在不同文化中的可靠性。比较不同文化群体的得分分布，也有助于评估量表是否在各文化中表现出一致的测量特征。

（三）效度检验与文化背景的影响

量表的效度检验通常包括内容效度、构念效度和标准效度等多个维度。探索性因子分析和验证性因子分析，可以评估量表结构是否与理论构念一致，并检验与其他相关工具的相关性。在跨文化适应性研究中，文化背景对心理疲劳表达的影响至关重要。不同文化对心理健康的看法、接受度和社会支持存在差异，可能会导致个体在报告疲劳时受到社会压力的影响，反馈不够真实。因此，设计和实施评估工具时需要充分理解文化背景对心理健康表达的影响，以便更准确地捕捉个体的心理状态。

（四）跨文化适应性的动态更新

跨文化适应性研究并非一次性任务，而是一个持续的过程。随着社会与文化的演变，量表的适应性需要不断更新和验证。定期对量表进行复审，收集新的数据，是保持其科学性和适用性的有效手段。随着全球化进程的加速，心理疲劳的表现形式日益多样化，对跨文化适应性的研究提出了更高要求。

（五）敏感话题的处理与数据质量

在实施跨文化适应性研究时，还需考虑如何处理与文化相关的敏感话题。在某些文化中，心理疲劳或心理健康问题可能存在偏见或歧视，影响个体的反馈。因此，量表设计应避免使用可能引发负面情绪或羞耻感的语言，以减少运动员的抗拒心理，从而提高数据收集的质量。

（六）跨文化适应性研究的意义与国际化推广

跨文化适应性研究的成果应以科学的方式进行传播与分享，促进心理疲劳研究和评估工具的国际化。发布研究成果、参加国际会议及与不同文化背景的研究者合作，可以扩大心理疲劳评估工具的适用范围，帮助更多的受众。适应性研究不仅对学术界有重要意义，也为政策制定者、心理健康服务提供者和社会机构提供了宝贵的实践依据。

心理疲劳量表的跨文化适应性研究是确保其在全球范围内有效应用的基础。通过精确的翻译、文化适应性试验及信度效度检验，可以确保量表在不同文化背景下保持一致的测量特性。此外，考虑到文化对心理疲劳表达的影响，量表的设计与实施需要不断适应社会文化的变化。跨文化适应性不仅提高了量表的科学性与准确性，也促进了其国际化应用，为心理健康研究和干预提供了全球视野。在这一过程中，持续的更新和改进、敏感话题的恰当处理及数据质量的保证，是确保跨文化评估工具科学性和适用性的关键。

第二节 行为测量与指标分析

一、心理疲劳的行为测量方法

心理疲劳不仅影响个体的心理健康,还可能对工作、学习和日常生活产生负面影响。因此,准确评估心理疲劳的程度对于预防和干预具有重要意义。行为测量方法作为一种客观、有效的评估手段,通过观察个体在特定任务或日常活动中的行为表现,揭示心理疲劳的程度。以下是对心理疲劳行为测量方法的详细阐述。

(一)任务表现测量

任务表现测量是一种通过观察个体在特定任务中的表现来评估心理疲劳的方法。该方法的核心在于,通过设计一系列与注意力、认知处理或记忆相关的任务,来观察个体在疲劳状态下的行为变化。

视觉搜索任务是一种常用的任务表现测量方法,它要求受测者在复杂的视觉场景中快速找到特定的目标。该任务可以有效地测量个体的反应速度和认知效率。在心理疲劳的状态下,受测者的视觉搜索能力可能会下降,导致错误率升高或反应时间延长。此外,视觉搜索任务还可以通过改变目标的复杂性和出现频率,来评估个体在不同难度水平下的表现。

记忆任务是另一种常见的任务表现测量方法,它要求受测者在短时间内记住一系列信息,然后在一段时间后回忆这些信息。这类任务可以有效地评估个体的短期记忆和长期记忆能力。在心理疲劳的状态下,个体的记忆能力可能会受到影响,导致记忆任务的表现下降。

连续操作任务是一种要求个体在长时间内保持注意力集中的任务。在这类任务中,受测者需要对频繁或罕见的刺激做出正确的响应。连续操作任务可以有效地评估个体的注意力稳定性,尤其是在需要长时间集中注意力的场合,如运动员在长期集训期间,随着疲劳的加剧,个体在连续操作任务中的表现可能会出现明显的波动,集中力下降或注意力转移。

(二)反应时评估

反应时是衡量心理疲劳的重要指标之一,尤其在运动性心理疲劳的研究中常用。常见的反应时测量任务包括简单反应时任务(Simple Reaction Time Task)和选择反应时任务(Choice Reaction Time Task)。在简单反应时任务中,受测者需要在看到或听到特定刺激后尽快做出单一反应。该任务用于测量个体的基本认知处理速度和反应灵敏度。而选择反应时任务则增加了复杂性,要求受测者根据不同刺激选择不同的反应,进勿评估其在复杂条件下的信息处理能力和决策速度。心理疲劳往往会导致反应时延长,同时也可能增加错误反应出现的概率。

(三)运动表现测试

运动表现测试主要用于评估运动员在体力活动或技能性训练中的表现,以此间接推断其心理疲劳的程度。心理疲劳会削弱个体的专注力与协调性,影响其在比赛或训练中的表现。常见的运动表现测试包括耐力测试、灵敏度测试和专注力相关的运动技能测试。

耐力测试:如长时间跑步或持续骑行等运动测试,评估受测者在心理疲劳状态下的运动持久性。随着心理疲劳的加重,个体通常更容易放弃,或表现出意志力不足的倾向。

灵敏度测试:测试个体所反应与身体的协调性,例如折返跑或敏捷梯训练,用于观察心理疲劳是否影响其快速应变能力和运动精度。

专注力测试:要求运动员在完成复杂的运动技能(如投篮、踢球)时保持高水平专注,通过记录成功率和失误情况,测量疲劳对运动专注力的干扰。

(四)行为测量方法的应用

行为测量方法在心理疲劳的评估中具有广泛的应用。例如,在工作环境中,观察员工在长时间工作后的任务表现,可以评估其心理疲劳的程度。在教育环境中,观察学生在长时间学习后的记忆和注意力表现,可以评估其心理疲劳的程度。在运动训练中,观察运动员在长时间训练后的运动表现,可以评估其心理疲劳的程度(表 4-1)。

表 4-1　行为测量方法的特点与适用场景

测量方法	任务类型	测量内容	适用场景	特点
任务表现测量	视觉搜索任务	反应速度、错误率	训练监控、疲劳管理	测试设计灵活,可捕捉注意力波动
	连续操作任务	注意力稳定性、长时间响应能力	长期训练、比赛期间的监控	能评估疲劳对持续注意力的影响
反应时评估	简单反应时任务	反应时间、神经传递速度	体力活动后的疲劳检测	易于操作,快速评估神经状态
	选择反应时任务	信息处理速度、错误率	复杂训练后的疲劳状态监控	考察认知负荷下的疲劳表现
运动表现测试	耐力测试	运动持久性、意志力	长时间训练和比赛后的评估	评估心理与体能的综合影响
	灵敏度测试	身体协调性、反应灵敏度	速度和灵敏度相关运动的监控	测试灵活,可用于各种运动项目
	专注力相关运动技能测试	成功率、失误次数	比赛前后的状态管理	反映心理疲劳对复杂技能的干扰

(五)行为测量方法的优势与局限性

行为测量方法的优势在于其客观性和可重复性。观察个体在特定任务中的表现,可以减少主观报告中可能存在的偏差。此外,行为测量方法可以提供实时的反馈,有助于及时调整工作或训练计划。然而,行为测量方法也存在一定的局限性。首先,行为测量方法可能受到个体差异的影响,不同个体在相同任务中的表现可能存在差异。其次,行为测量方法可能无法完全捕捉到心理疲劳的所有方面,例如情绪变化和动机下降等。因此,在实际应用中,行为测量方法通常与其他评估方法(如生理测量方法和主观报告)结合使用,以获得更全面的评估结果。

二、认知任务行为测量的设计原理

认知任务行为测量的设计原理源于对认知心理学和神经科学的研究,旨在通过观察个体在执行特定认知任务时的行为表现,以评估其心理状态,重点关注注意力、记忆、处理速度和执行功能等多个认知维度。为了有效评估心理疲劳对认知功能的影响,任务设计需要具备敏感性和适应性。

设计时的首要考虑是生态效度,即任务应尽可能模拟个体在现实生活中可能遇到的情境。这有助于提高测量结果的外部有效性,使实验室的发现能够更好地映射到实际生活中。在设计记忆任务时,选择生活中常见的场景(如购物清单记忆或信息检索)能更真实地反映个体在日常情境中的认知表现。

此外,任务难度应保持适中,既能有效评估认知功能,又不至于因过于简单或复杂而引发结果偏差。考虑到不同年龄和能力水平的个体在认知任务中的表现差异,设计时应采取分层方法,确保每位参与者都在适合其能力范围内参与。这样不仅能提升参与感,还能在不同人群中收集有效数据,增强研究结果的普适性。

在实验环境的控制上,噪声、光线和温度等环境因素可能显著影响行为测量结果。为确保测量准确性,应尽量标准化实验环境,减少外部干扰的影响,进而提高结果的可信度。

个体差异也是设计中需要考虑的重要因素,如文化背景、教育水平和母语等。认知任务的有效性依赖于其公平性和适用性,设计时需要进行预实验,评估不同个体的表现差异。这不仅有助于识别潜在偏差,还能提供调整任务的依据,使其具备更好的包容性。多样化的样本参与,能够在数据分析阶段详细考量不同文化和教育背景对结果的影响,从而确保测量工具的广泛适用性。

为了增强测量工具的有效性,任务设计还应结合实时监测技术,动态评估参与者在认知任务执行过程中的心理状态。通过生理指标(如心率变异性、皮肤电反应等)与自我报告相结合,可以更全面地评估个体的心理负担和疲劳程度。这种综合评估不仅能提供行为表现的定量数据,还能结合生理和心理因素,为理解认知疲劳提供更深刻的视角。

三、反应时测量在心理疲劳评估中的应用

反应时测量在心理疲劳评估中具有重要的应用价值。通过量化个体对外界刺激做出反应的速度,反应时测量能够提供深入的见解,帮助理解心理疲劳对认知功能的具体影响。在心理疲劳状态下,个体的认知资源受到限制,导致注意力分散、反应速度减缓。精确的反应时测量,不仅可以有效评估个体在不同认知任务中的表现,还能够监测心理疲劳的进展和变化。

反应时的测量通常涉及多个维度,不仅包括反应时间本身,还常常结合准确率和反应时的离散度来进行评估。离散度反映了反应时的稳定性,能够揭示个体在心理疲劳状态下如何在任务表现中权衡速度与准确性。反应时的变化也可以为个体在不同刺激条件下的敏感性提供重要信息,例如,在警觉任务中,反应时的变化可以作为专注程度的指示。通常情况下,反应速度的减慢暗示着个体在任务要求上的注意力不足,从而为心理疲劳与认知功能之间的关系提供了实证支持。

在实验设计中,反应时测量的实施涉及多个环节,包括刺激呈现、任务设计和反应记录的规范化。采用计算机化任务平台进行测量能够减少人为误差,并在刺激呈现、反应收集及数据记录过程中保持高精度。设计不同类型的认知任务,如Stroop 任务、Go/No-Go 任务、间隔反应时间任务等,可以探索反应时与心理疲劳之间的关系。实验设计时应考虑个体差异,如年龄、性别、教育背景和健康状况等,这些因素都会影响反应时的基线水平和对心理疲劳的反应。因此,在设计实验时需确保样本的多样性,以确保数据的代表性和普适性。此外,个体的习惯性表现、心理状态和情绪波动也会对反应时测量结果产生影响,因此在数据分析时,必须对这些变量进行控制,确保结果的可靠性。

近年来,反应时测量已逐渐从实验室环境拓展到自然环境中。通过移动设备或可穿戴设备,研究者能够在真实情境中对个体的认知表现进行评估。例如,利用智能手机应用程序收集用户在日常生活中的反应时数据,不仅能提供更加自然的测量结果,还能在不同情境下监测心理疲劳的变化。这种方法不仅具有较强的生态效度,还为长期实时监测个体的心理状态提供了可能。此外,反应时的变化也能够用于评估心理干预措施的有效性。通过在干预前后测量反应时,研究者能够观察心理疲劳水平的变化,进而评估特定干预措施的效果。此类反馈机制为心理健康的评估和干预提供了实证基础,有助于制定更有效的干预策略,如认知训练、心理辅导或行为疗法等,以改善个体的心理疲劳状态。

在数据分析方面,反应时测量通常采用配对样本 t 检验、方差分析、回归分析等统计方法,帮助研究者揭示反应时在不同条件下的变化及其与心理疲劳之间的关系。通过精确的数据处理和分析,研究者能够为心理疲劳的评估提供强有力的证据支持,从而推动该领域的理论与实践进步。反应时测量在临床应用中的价值

也逐渐显现,尤其是在心理健康的早期筛查和干预评估中。定期监测个体的反应时变化,可以帮助心理健康专业人士及时识别潜在的心理疲劳问题,并为个体制定个性化的干预计划。基于数据的评估方式,不仅提高了心理健康干预的有效性,还增强了个体对自身心理状态的认知和理解。

四、错误率分析对心理疲劳的指示作用

分析在心理疲劳的评估中扮演着不可或缺的角色,能够有效反映个体在执行任务时的准确性及与心理疲劳之间的关系。心理疲劳通常伴随着认知资源的减少,进而影响个体在复杂任务中保持高效表现的能力。随着心理疲劳程度的加深,个体在执行需要高度集中注意力的任务时往往会出现更高的错误率。在诸如决策、注意力维持和信息处理等任务中表现得尤为明显。

在任务执行过程中,错误率的增加不仅是简单的结果指标,更是个体认知状态变化的直接反映。当心理疲劳显著时,个体的认知功能受到影响,导致信息处理速度减缓、注意力分散及决策能力下降,使得个体在完成任务时更容易出现错误。在需要多重任务处理或复杂信息分析的情境中,错误率的变化提供了一种有效的手段,用以评估心理疲劳的程度及其对认知表现的影响(表 4-2)。

表 4-2 不同心理疲劳水平下的错误率变化情况

心理疲劳水平	错误率 /%	任务类型
低	2.5	简单反应任务
中	5.7	选择反应任务
高	12.3	复杂决策任务

在特定认知任务中,错误率的增加可能反映出某些认知过程的损伤。例如,在记忆任务中,若个体的错误率显著上升,通常表明其工作记忆功能受到影响。工作记忆是个体在任务执行过程中用于暂时存储和操作信息的认知系统。当心理疲劳导致工作记忆负担加重时,个体将难以有效处理必要的信息,从而出现更高的错误率。研究表明,疲劳与工作记忆的表现呈负相关关系,即疲劳越严重,工作记忆的准确性越低。

在进行错误率分析时,必须综合考虑不同类型错误的影响。这些错误主要包括疏忽错误、策略错误和随机错误。疏忽错误通常源于注意力不集中或任务参与度不足,心理疲劳状态下尤为明显。策略错误则反映了个体在任务执行过程中选择了不适当的策略,疲劳会显著干扰其判断和决策能力。随机错误往往与个体心理状态的波动相关,尤其是由疲劳引起的认知不稳定性(表 4-3)。

表 4-3 不同类型错误的定义及其与心理疲劳的关系

错误类型	定义	与心理疲劳的关系
疏忽错误	未能注意到信息或指令	与注意力分散高度相关
策略错误	选择了不恰当的处理方式	反映决策能力的下降
随机错误	不可预测的偶然性失误	可能与认知不稳定性相关

为了全面评估心理疲劳的影响,错误率分析常与其他认知指标(如反应时、任务完成时间和精确性)结合使用。多维度的评估方法能够更准确地揭示个体在心理疲劳状态下的认知表现。结合错误率与反应时的分析,研究者可以深入了解疲劳对任务执行的综合影响。在高心理疲劳条件下,个体不仅在降低错误率方面表现不佳,反应时间也明显延长,表明疲劳对信息处理和任务执行的各个方面均产生了影响。

在实验设计中,评估错误率的方法应保持标准化,以确保数据的可比性和有效性。这包括明确任务设置、参与者招募标准及数据分析方法的选择。例如,可以采用方差分析或回归分析,以探讨心理疲劳与错误率之间的关系。通过控制潜在的混杂变量,研究者可以更准确地揭示疲劳对认知表现的真实影响。随机化实验设计有助于提高结果的信度和外部有效性。

此外,心理疲劳的干预效果也可以通过错误率的变化进行评估。通过在干预前后对个体进行相同任务的测试,并比较其错误率的变化,研究者能够评估干预措施的有效性。例如,进行认知训练、学习身心放松技巧或采用时间管理策略等方法是否能够显著降低错误率,直接反映出干预在缓解心理疲劳方面的成效。

五、认知负荷与行为表现的关系探讨

认知负荷指个体在执行任务时所需的认知资源,其程度直接影响任务表现。在涉及复杂思维和决策的任务中,当认知负荷较低时,个体通常能够表现出较高的准确性和反应速度,因为其认知资源足以满足任务需求。然而,随着认知负荷的增加,尤其是当负荷超过个体的处理能力时,行为表现会显著下降,常见表现为反应时间延长和错误率升高。

认知负荷理论强调,个体的认知资源是有限的,当任务需求超出这些资源的承载范围时,便会出现认知超载现象。该理论的核心在于理解认知资源的分配与使用,特别是在心理疲劳的背景下,个体的认知资源因之前的活动而受到消耗,从而增加认知超载的风险。处于心理疲劳状态的个体更容易遭遇认知超载,表现为注意力分散、记忆力减退及决策能力下降,尤其在高认知负荷任务中尤为明显。这是因为疲劳使个体在执行复杂任务时,无法有效调动必要的认知资源,从而导致行为表现的下降(表 4-4)。

表 4-4 认知负荷与行为表现的关系

认知负荷水平	行为表现	特征
低	高准确性和反应速度	认知资源充足,表现最佳
中	中等准确性和反应速度	认知资源与任务需求匹配
高	低准确性和延长反应时间	认知资源不足,表现显著下降

认知负荷与心理疲劳之间的互动关系已成为研究者的关注重点。个体在长时间执行高负荷任务后容易产生心理疲劳,而心理疲劳又会反过来影响其在后续任务中的表现。认知负荷的增加会加剧心理疲劳,而心理疲劳则会进一步削弱个体对后续任务的处理能力。因此,在实验设计中,系统调整任务的复杂性和难度,可以有效探讨认知负荷对行为表现的影响,揭示不同负荷水平下,个体在反应时间、准确性和错误率等方面的变化。

通过量化认知负荷并结合实验室设置,可以观察不同认知负荷条件下个体的行为表现。设计不同难度的记忆任务、注意力任务和决策任务,记录个体的反应时间和错误率,从而计算认知负荷的具体影响。这种方法不仅有助于分析个体在心理疲劳状态下的表现,也为后续的干预措施提供了重要依据。认知负荷与行为表现的关系可以通过式(4-1)计算:

$$P=e^{-k}\left(\frac{L}{R}-c\right)^2 \tag{4-1}$$

该公式描述了认知负荷(L)与行为表现(P)之间的倒 U 型关系:行为表现随认知负荷增加先提升后下降,在最佳负荷比处达到峰值。其中 R 为可用认知资源,k 为敏感性参数。当负荷比 L/R 偏离最佳值 c 时,表现呈高斯衰减,体现耶克斯-多德森定律的核心机制——不足负荷导致动机缺失,过度负荷引发认知超载。

在具体任务设计中,采用控制组与实验组的设计,将不同认知负荷水平的任务分配给参与者,以观察不同负荷水平下的表现差异。这种方法的有效性在于它能够控制外部变量,确保所观察到的行为表现变化主要是由认知负荷变化引起的。还可以结合生理测量,如心率变异性或脑电图(Electroencephalogram,EEG),进一步分析心理疲劳与认知负荷对行为表现的影响。多元化的研究方法能够更全面地揭示认知负荷与心理疲劳的关系,为今后的研究提供更为坚实的理论支持。

在实践中,理解认知负荷与行为表现的关系具有重要的应用价值。在教育领域,教师可以通过调整教学活动的复杂性来优化学生的学习效果,降低学生的认知负荷,从而提升学习效率。在职场中,合理安排工作任务的复杂度与时间要求,可以延缓员工的心理疲劳,提升整体工作表现。

六、认知任务测量的实验范式优化

在心理学和神经科学的研究中，实验范式的设计需考虑多个因素，以确保结果的可靠性和有效性。这些因素包括任务设计的优化、实验流程的精简，以及充分考虑个体差异。在任务设计方面，应提升任务对心理疲劳的敏感性，确保任务能够有效模拟现实生活中的情境，真实反映个体在疲劳状态下的表现。组合多种认知任务，全面评估个体的注意力、记忆、信息处理和决策能力，确保测量的全面性和准确性。任务难度应根据参与者的能力水平进行精心设计，避免因难度过高或过低而产生测量误差。采用适应性任务设计，可以根据参与者的表现实时调整任务难度，从而增强实验范式的适应性和有效性。

在实验流程方面，应采用随机化和平衡设计，确保每位参与者在不同条件下的表现可公平比较。随机化能够消除个体差异的干扰，平衡设计则确保实验组和对照组条件的均衡，降低外部因素对结果的影响。使用计算机化测试工具能显著提高测量的精确性和可重复性，不仅能实时记录反应时间和准确率，还能灵活调整任务参数，以实现更为灵活的实验设计。

个体差异在心理疲劳评估中起着关键作用。在优化实验范式时，应考虑参与者的年龄、性别、文化背景和教育程度等差异，这些因素不仅影响个体的认知能力和任务执行方式，还影响对心理疲劳的感知与报告。设计阶段应多样化样本来源，确保量表和任务的广泛适用性和公平性。通过收集不同群体的数据，研究者能评估和调整实验范式，提高其普遍性和适用性，进而增强研究结果的推广意义。

随着技术的发展，虚拟现实(Virtual Reality，VR)和移动设备的应用为认知任务测量开辟了新前景。虚拟现实技术使研究者能够创建沉浸式的实验环境，逼真地模拟复杂的生活情境。在 VR 环境中，参与者不仅能与虚拟世界互动，还能在更接近现实的条件下执行认知任务，提升投入感并提高实验的生态有效性。移动设备的普及使得在线测试变得更加便捷，降低了时间和空间的限制，允许在更广泛的环境中收集数据。为了确保实验范式的优化能够提升心理疲劳评估的准确性，需定期验证和更新测量工具。通过对过往数据的分析，可以识别现有范式中的不足，并进行针对性改进。持续的反馈和调整机制有助于构建动态的实验设计系统，更好地适应不断变化的研究需求和不同参与者的特征。

第三节 生理监测与神经反馈

一、生理指标在心理疲劳监测中的应用

生理指标监测为心理疲劳的评估与管理提供了可靠的生理依据。生理反应与个体心理状态密切相关,能够揭示心理疲劳状态下身体内部的变化。通过监测心率、血压、皮肤电反应、肌肉紧张度和脑电活动等生理指标,研究人员和临床医生能够客观地评估心理疲劳的程度。

心率变异性(Heart Rate Variability,HRV)反映心脏节律的波动,能够有效指示个体的压力反应与恢复能力。心理疲劳时,HRV 通常会下降,提示自主神经系统失衡,导致应激反应增强。HRV 的监测不仅能评估个体的疲劳程度,还能用于评估压力管理并述列放松训练的效果。通过观察 HRV 在不同情境下的变化,可以推测个体的心理负担和恢复状况。

在长期心理疲劳状态下,个体常常出现血压升高,尤其在面对压力时,高血压可能与交感神经系统的过度活跃有关,反映出身体在应对外部压力时的生理变化。定期监测血压可帮助及时识别由心理疲劳引起的生理变化,为干预措施提供参考。

皮肤电反应(Galvanic Skin Response,GSR)反映皮肤电反应率的变化,通常与个体的情绪状态和生理变化相关。心理疲劳和压力增加时,交感神经系统活动增强,导致皮肤电反应升高。监测 GSR 变化不仅能即时反馈个体的情绪状态,还能捕捉情境变化中的生理反应动态。

认知负荷增加时,肌肉紧张度,特别是颈部和肩部区域,往往会加剧。长期肌肉紧张可能导致身体疲劳和不适,进而加重心理负担。使用肌电图(Electromyography,EMG)等技术监测肌肉紧张度,能够提供个体在任务执行过程中的生理反应数据。这不仅有助于评估疲劳程度,还为肌肉放松和疼痛管理提供了依据。

生理指标监测通常采用非侵入性方法,便于日常使用并提高数据收集的频率与准确性。心率监测器、血压计和皮肤电反应仪等设备可实时收集数据,向个体提供即时反馈。持续监测使研究者能够观察心理疲劳的变化趋势,并评估干预措施的效果。

通过长期监测,个体生理反应变化与心理状态之间的关系可以被系统地建立,为心理疲劳的评估和管理提供科学依据。结合生理指标监测与心理评估工具,能够获得全面的心理疲劳评估结果,深化对心理疲劳机制的理解,并为临床实践提供可靠依据。整合生理数据与心理测评,能够更有效地识别心理疲劳表现,

制定个性化干预措施，从而提升个体生活质量和工作效率。

二、神经反馈技术对心理疲劳的调节作用

神经反馈技术作为一种新兴的心理干预方法，通过监测脑电活动并提供实时反馈，给予个体主动调节心理状态的能力。该技术基于脑电图（EEG）的实时记录，能够准确反映个体在特定任务或情境中的脑电波变化。其核心在于反馈机制，即通过实时展示脑电波状态，促使个体通过意识调节改善心理表现。

在心理疲劳的干预中，神经反馈技术展现了显著的调节效果。α 波的增强与个体的放松状态密切相关，通常表现为焦虑水平降低和情绪稳定。通过神经反馈训练，个体可以提高 α 波活动，进而促进心理状态的改善。训练过程中，个体通过反馈信号直观了解自己在放松过程中的进展，视觉反馈不仅能够激励持续练习，还能潜移默化地促进深层次的放松与恢复。

相对而言，β 波的增强通常与注意力和警觉性的提升相关。面对高强度认知任务时，个体往往会感到心理疲劳，导致注意力分散和反应迟缓。神经反馈训练能够帮助个体增强 β 波活动，提高任务专注度和认知灵活性。在针对注意力缺陷多动障碍（Attention-deficit hyperactivity disorder，ADHD）患者的研究中，神经反馈技术已证明其在改善注意力和执行功能方面的有效性，这为其在更广泛的心理疲劳管理中的应用提供了理论支持。

此外，神经反馈技术还可与其他心理治疗方法结合，以增强其效果。与认知行为疗法（CBT）结合时，神经反馈不仅帮助个体调节脑电活动，还促进识别和调整不适应的思维模式。这种结合不仅有助于缓解心理疲劳，还能促进情绪调节和心理健康的提升。

实施神经反馈技术时，定期训练与长期干预的结合能够显著提高个体的心理调节能力。通过系统训练，个体逐渐建立起对自身脑电活动的敏感性，形成自我调节的习惯。自我调节能力不仅能在训练过程中表现出效果，还能延续到日常生活中，帮助个体在遇到压力或心理负担时及时调整状态。

需要注意的是，神经反馈训练应充分考虑个体差异，不同年龄、性别、文化背景及心理特征的个体在训练中的反应存在差异。因此，实际应用中应根据个体特点调整训练方案，以提高训练效果和适应性。通过对个体心理状态和生理指标的预评估，制定个性化的训练计划，可以确保每个个体在最佳状态下进行训练。

尽管神经反馈技术在调节心理疲劳方面展现了积极效果，但其长期有效性和适用性仍需更多实证研究验证。未来的研究可以集中于优化神经反馈训练，结合虚拟现实技术和生物反馈等多种方式，以进一步提升其干预效果。

三、生理监测数据的实时分析方法

生理监测数据的实时分析方法可以提供个体生理状态的即时反馈。通过计算机软件处理来自各种生理监测设备的连续数据流,复杂数据被转化为易于理解的图表和指标,从而提升个体对生理状态的认知与调控能力。具体实施时,心率监测器、皮肤电反应仪和脑电图设备等非侵入性设备可持续收集生理数据,允许用户在日常生活中随时监测其生理状态。数据采集后,分析软件对原始数据进行预处理,去除噪声与异常值,并将其转化为心率(HR)、心率变异性(HRV)、皮肤电反应水平及脑电波活动等生理指标,这些指标反映了个体在特定情境下的生理状态与心理负担。例如,心率监测软件不仅实时显示个体的当前心率,还可通过HRV评估自主神经系统的平衡状态。HRV通常被视为衡量压力和恢复能力的一个重要生理指标其计算基于对相邻心跳间期(R-R间期)的分析,通过时域、频域等分析法量化自主神经系统的调节能力。时域分析是利用统计学的离散趋势分析法分析心率或R-R间期的变异度, 在临床广为应用。时域指标通过统计R-R间期的直接变化程度反映HRV,其中标准差SDNN如式(4-2)所示:

$$SDNN = \sqrt{\frac{1}{N-1}\sum_{i=1}^{N}(RR_i - \overline{RR})^2} \tag{4-2}$$

式(4-2)表示全部R-R间期的标准差,反映自主神经系统的整体活性,正常值通常大于50 ms。而相邻R-R间期差值的均方根,即RMSSD,如式4-3所示:

$$RMSSD = \sqrt{\frac{1}{N-1}\sum_{i=1}^{N-1}(RR_{i+1} - RR_i)^2} \tag{4-3}$$

式(4-3)反映副交感神经(迷走神经)的短期调节能力,对疲劳和压力敏感。

频域指标通过傅里叶变换(FFT)或自回归模型(AR)将R-R间期分解为不同频段的能量分布,其中高频成分(HF):0.15~0.4Hz,与呼吸节律同步,表征副交感神经活动;低频成分(LF):0.04~0.15Hz,反映交感与副交感的共同作用;LF/HF比值:评估交感-迷走神经平衡。比值升高提示交感神经主导(如焦虑状态),比值降低可能指向副交感亢进(如慢性疲劳)。

在数据可视化方面,分析软件通常提供动态图表和趋势线,使用户能够直观地观察生理指标的变化。例如,心率的实时图表展示了个体在不同时间段内心率的波动,有助于识别生理应激的来源和时机。皮肤电反应分析软件则实时呈现个体的情绪波动,通常通过图形化方式展示反应变化,帮助用户监测压力水平和情绪状态之间的关系。当生理监测数据超出预设正常范围时,系统会自动提醒用户。例如,当个体的心率显著升高或HRV降低到阈值以下时,软件会发送通知,提示用户进行放松或深呼吸等干预措施。这不仅有助于用户调整自身状态,也为心理健康的维护提供了实际支持。

除了个人层面的应用，通过收集大量个体的生理数据，分析方法能帮助更深入地理解心理疲劳的生理基础和表现形式，从而优化干预策略。在针对职场人士的研究中，实时监测数据被用来评估不同工作环境下的心理疲劳表现。通过分析心率和皮肤反应的变化，可以识别高压工作环境对生理状态的显著影响，为制定有效的心理健康干预措施提供依据。

此外，数据分析方法还可结合机器学习等先进技术，实现更深层次的挖掘与预测。通过对历史数据的训练，算法能识别个体在不同心理状态下的生理特征，并在未来的数据监测中进行预测。通过分析以往的心率和 HRV 数据，系统可预测个体在特定环境下可能出现的心理疲劳状态，并提前提供预警，从而促进个体采取有效的预防措施。

四、生理指标与心理疲劳的相关性研究

生理指标与心理疲劳的相关性研究主要探讨生理指标如何反映心理疲劳状态的变化，从而揭示其生理基础。通过量化和分析生理反应，研究能够识别出心理疲劳的不同表现形式及其相应的生理特征，为制定有效的干预措施奠定基础。

在心理疲劳状态下，心率、血压和皮肤电反应等生理指标通常表现出显著变化。心率是评估个体应激水平的关键指标。心理疲劳往往伴随心率升高，这可以解释为个体在面对持续认知任务时，自主神经系统的应激反应导致交感神经活动增强，从而使心脏泵血频率增加。血压升高则反映了这一应激状态，心理疲劳会导致血管收缩和心输出量增加，进而引发血压升高。这不仅是对心理压力的自然反应，也是个体生理状态与心理疲劳之间相互作用的体现。

皮肤电反应则与个体的情绪和心理状态紧密相关，其反映的是交感神经系统的活动。在心理疲劳状态下，个体通常表现出更高的皮肤电反应水平，意味着生理上出现紧张和焦虑。面对复杂任务或长时间注意力集中时，个体的生理负荷增加，导致交感神经系统活跃，进而引发皮肤电反应的显著变化。

生理指标的变化与心理疲劳程度之间呈一定的相关性。在长期的工作或学习后，个体的生理指标变化通常与主观报告的疲劳程度之间存在显著的正相关关系。这一关系的确立不仅为心理疲劳的早期检测提供了参考依据，还为个体制定干预措施提供了科学支持。监测生理指标能够实现对个体心理疲劳状态的实时评估，并有助于提出针对性的调整和改善策略。

第四节 脑电与成像技术应用

一、脑电技术在心理疲劳测量中的运用

脑电技术是一种用于诊断和监测脑部功能的电生理方法。通过在头皮上放置电极，借助电子仪器放大并记录脑部自发性电活动，进而获得脑细胞群的电生理图像。脑电波的不同频率和波形变化能够提供个体心理状态的实时信息，尤其在评估心理疲劳时具有重要价值。

其中，α 波通常与放松状态相关，反映个体在无紧张情绪时的脑电活动；而 β 波则与警觉性和注意力集中度密切相关，体现个体在执行任务时的认知负荷。在心理疲劳状态下，个体的 α 波活动往往减弱，β 波活动增强，这表明认知资源的耗竭和注意力的分散。脑电波形态的变化为心理疲劳的生物学基础提供了重要证据。

脑电技术还扩展到事件相关电位（Event-related Potential，ERP）的测量。ERP 是由特定认知或感觉事件引发的大脑电活动的瞬时变化，能够捕捉大脑对特定刺激的反应过程。不同 ERP 成分与认知加工的不同阶段密切相关。例如，P300 波形与注意力分配和工作记忆更新过程密切相关，其波幅和潜伏期变化常作为心理疲劳的敏感指标。在持续认知负荷下，P300 波形的波幅通常会降低，潜伏期延长，反映出个体的注意力资源被消耗，进而揭示心理疲劳的程度。

在实验设计中，脑电技术常用于长时间认知任务的测试，通过采集不同时间段的脑电数据，比较脑电波形的变化，揭示心理疲劳随时间推移的动态过程。这种方法有助于早期检测心理疲劳，并帮助理解其演变机制。

随着技术的不断发展，脑电技术在心理疲劳测量中的应用也在不断进步。新型脑电图设备具有更高的采样率和更强的抗干扰能力，使得脑电波信号更加清晰准确，并能够在动态场景或虚拟现实等复杂环境中进行研究。这些进步拓宽了脑电技术在心理疲劳研究中的应用范围。

此外，随着可穿戴脑电设备的普及，个体可以在日常生活中实时监测脑电活动，帮助及时了解自身的心理疲劳状态。通过有效的调节策略，个体能够主动管理心理疲劳，从而促进心理健康。

二、功能性成像技术对心理疲劳的探测

功能性成像技术，包括功能性磁共振成像（fMRI）和正电子发射断层扫描（PET），通过检测大脑区域的血流或代谢活动，揭示大脑在执行任务时的功能状态，从而为理解心理疲劳的生理基础提供了直观证据。这些技术能够展示大脑在

不同任务和心理状态下的活动模式,空间分布信息为心理疲劳分析提供了重要依据。

fMRI 技术通过测量血氧水平依赖(BOLD)信号的变化,反映大脑在执行认知任务时的活动变化。处于心理疲劳状态时,前额叶皮层的活动显著下降,这一区域与决策、注意力和自我调节等高阶认知功能密切相关,表明个体在面对复杂任务时,认知控制能力受限,导致注意力和执行功能下降。与此同时,与情绪调节相关的杏仁核和扣带回活动增强,提示出在心理疲劳状态下,个体的情绪调节机制可能被过度激活,进而导致负面情绪和焦虑感的上升。

在 PET 研究中,使用特定放射性标记物可以显示大脑在执行任务时的代谢活动。在心理疲劳状态下,前额叶和海马体等脑区的葡萄糖代谢率下降,反映了认知负担下的功能不足。代谢活动的变化为理解心理疲劳的生理基础提供了新的视角,进一步证实了认知任务对大脑资源的消耗。

功能性成像技术不仅能探测心理疲劳的状态,还能揭示其潜在机制。纵向研究表明,随着疲劳程度的增加,大脑活动模式发生变化。例如,长时间工作或学习后,特定脑区逐渐表现出疲劳迹象,导致执行功能下降。这一动态活动变化使得功能性成像技术成为监测心理疲劳进程的重要工具。

此外,功能性成像技术与其他生理指标的结合研究逐渐成为热点领域。通过同步监测脑电活动、心率变异性和皮肤电反应等生理数据,研究者能够更全面地了解心理疲劳的生理机制。研究发现,在心理疲劳状态下,fMRI 与心率变异性之间存在一定相关性,表明自主神经系统调节在一定程度上影响大脑功能表现。

功能性成像技术的应用还为心理疲劳的干预措施提供了理论基础。通过评估不同干预方法(如认知行为疗法、放松训练等)对脑活动的影响,并深入分析其生理机制,研究者发现适当的干预能够显著改善大脑功能表现,降低心理疲劳水平,从而促进个体的整体心理健康。

三、脑电波形与心理疲劳的关系解析

脑电波形是大脑神经元电活动的表现,通过脑电图(EEG)进行记录。根据频率范围,脑电波通常分为几种类型,包括 δ 波、θ 波、α 波、β 波和 γ 波。每种波形与不同的心理状态和认知过程密切相关,如 θ 波(4–8 Hz)通常与深度思考、记忆检索和情绪处理相关;α 波(8–12 Hz)则与放松、内心平静和冥想状态有关。

在心理疲劳状态下,个体的脑电波形表现出 θ 波活动的增加和 α 波活动的减少。这表明当心理疲劳发生时,个体的认知资源消耗殆尽,注意力集中困难,导致思维效率下降。β 波(12–30 Hz)与警觉性、认知加工和积极思维相关,而在心理疲劳状态下,β 波活动可能变得不稳定或异常,反映出个体在处理信息时遇到的困难。

通过对脑电波形的时频分析,研究者能够深入探讨心理疲劳对大脑节律的影响。时频分析技术可以在时间和频率两个维度上同时观察脑电活动,揭示心理疲劳如何影响大脑的同步化程度。研究表明,心理疲劳往往导致大脑网络功能下降,表现为神经元之间同步化程度的增加。这反映出大脑在处理信息时面临更多挑战,神经网络的资源被过度调动。

此外,脑电波形的变化还可以用于监测个体在认知负荷下的应激反应。在高认知负荷条件下,个体的脑电波形通常表现为更多的 θ 波和较少的 α 波。相反,当个体处于放松或恢复状态时,α 波的活动则显著增加,反映出神经系统的平衡状态(表 4-5)。

表 4-5 脑电波类型与心理疲劳的关系解析

脑电波类型	频率范围 /Hz	相关心理状态	心理疲劳影响
δ 波	0.5-4	深度睡眠	增加
θ 波	4-8	深度思考与记忆检索	增加
α 波	8-12	放松与冥想	减少
β 波	12-30	警觉性与注意力	不稳定或异常
γ 波	30-100	高级认知加工	减少

在临床和实验环境中,脑电波形的监测为心理疲劳的评估提供了客观依据。不同类型的实验设计可以探讨心理疲劳的生理特征。通过对参与者在执行复杂任务前后的脑电波形进行比较,可以评估认知负荷对脑电波形的影响程度。脑电波形的变化常常被用作评估个体在认知任务中表现的有效指标。

四、成像技术揭示心理疲劳的神经机制

成像技术通过非侵入性方法,能够实时监测大脑在执行特定任务时的活动模式,从而为心理疲劳的神经机制提供生理和功能依据。功能性磁共振成像(fMRI)通过测量血流动态变化,能够描绘出大脑在心理疲劳状态下的活动情况。这种技术不仅能识别出哪些脑区的活跃度下降,还能揭示与情绪调节、认知控制和信息处理效率相关的特定脑网络的变化。

在心理疲劳状态下,前额叶皮层负责执行功能、决策和注意力控制。fMRI 数据显示,疲劳时前额叶皮层的血流量显著降低,反映出认知资源的耗竭和神经活动的衰退。这不仅限制了个体在复杂任务中的表现,还可能影响情绪状态,增加焦虑和抑郁产生的机率。与此相对,情绪相关的脑区,如杏仁核和扣带回,在心理疲劳状态下的活动可能增强,表明情绪调节能力受到干扰,情绪反应加剧,自我调

节能力下降。

此外,成像技术还揭示了不同脑区之间的功能连接变化。心理疲劳导致大脑各区域之间的协同作用减弱,连接性的变化可能影响信息流通效率,导致反应速度下降。在心理疲劳状态下,网络的整合度和灵活性受到显著影响,使得个体在处理信息时更加困难。因此,心理疲劳不仅影响单个脑区的活动,还改变了整个神经网络的功能与协作,深刻影响个体的认知能力。

成像技术的应用不仅限于心理疲劳的基础研究,还可用于评估干预措施的效果。运用成像观察认知训练、放松训练及药物干预后的大脑活动变化,可以评估疲劳状态的恢复情况。认知训练主要通过增强注意力和执行功能来改善前额叶皮层的活动水平,并恢复与认知控制相关的脑区连接。而放松训练通过促进放松状态的脑波活动来减轻心理疲劳,fMRI 数据显示,放松训练能增强大脑放松区域的活跃度,从而改善整体心理状态。

除了 fMRI,正电子发射断层扫描(PET)也是研究心理疲劳的有效工具。PET 通过检测大脑代谢变化,观察特定区域的葡萄糖代谢水平,从而揭示心理疲劳对神经活动的影响。在心理疲劳状态下,某些脑区的葡萄糖代谢水平显著降低,这一现象与认知能力的下降密切相关。随着技术的不断进步,成像技术的分辨率和精确性不断提高,使得心理疲劳的研究更为细致和全面。更高的空间分辨率使研究者能够清晰识别微小脑区变化,先进的分析方法则有助于揭示不同脑区之间复杂的相互作用,为深入理解心理疲劳的生理机制提供了新的视角,并为临床应用奠定了基础。

五、脑电与成像数据的融合分析策略

脑电与成像数据的融合分析策略为心理疲劳的研究提供了全新的视角。整合脑电图(EEG)与功能性磁共振成像(fMRI)等技术的数据,能够同时捕捉大脑活动的时间动态与空间分布,从而为心理疲劳的评估提供更全面的信息。这种数据融合不仅提高了分析的准确性和可靠性,还揭示了大脑各区域之间的相互作用,帮助深入理解心理疲劳的生理基础。

EEG 与 fMRI 数据的结合优势明显:EEG 具有高时间分辨率,能够捕捉脑电活动的瞬时变化,而 fMRI 则提供较高的空间分辨率,能精确定位大脑特定区域的功能状态。同步记录这两种数据,能够更清晰地了解心理疲劳如何影响大脑的电生理活动与血流动态。例如,EEG 信号能够揭示认知任务执行中的 α 波和 θ 波活动变化,而 fMRI 则显示在同一时间段内大脑不同区域的血流变化。

数据融合使得心理疲劳相关脑区的识别更加准确,能够精确区分在疲劳状态下受损的认知功能与相应的大脑结构。在融合分析中,常用的方法包括互补信号处理和多模态数据融合技术,这些方法能有效处理并分析不同来源的信号,并通过统计模型和机器学习技术优化数据整合。主成分分析(PCA)和独立成分分析(ICA)等技术可从多维数据中提取出最具代表性的特征,有助于识别与心理疲劳相关的特征模式。此外,基于图形模型的融合方法能够帮助研究者理解不同脑区之间的网络连接关系,揭示心理疲劳如何通过特定神经网络影响整体认知能力。

融合分析还可进一步探讨心理疲劳与其他心理状态的关系。情绪、动机和认知策略等因素可能会影响个体的心理疲劳状态,并通过改变大脑活动模式间接影响认知功能。例如,负面情绪可能导致前额叶皮层活动减弱,从而加重心理疲劳的表现。融合分析 EEG 与 fMRI 数据,能够识别情绪变化对大脑电活动及血流的影响,为心理疲劳的干预提供理论依据,并帮助制定更为有效的干预策略。

随着数据采集技术的进步,脑电与成像数据的同步收集已变得可行,这使得在真实场景下观察个体在自然环境中的心理疲劳状态成为可能。这样的研究不仅提高了结果的可信度,还能为干预措施的制定提供更切合实际的依据。在不同情境下进行融合分析,可以深入理解心理疲劳如何受到环境因素的影响,为特定情境下的心理疲劳管理提供针对性建议。

第五章　运动性心理疲劳的评价方法

第一节　心理疲劳自评量表的评价与应用

一、量表评价的心理学原理

（一）多维度疲劳评价理论

心理疲劳是一种多层次、多维度的现象，涵盖了情绪、认知、行为和身体等多个方面。因此，设计心理疲劳的主观量表时，必须基于多维度疲劳评价理论，确保能够全面而准确地捕捉运动员在不同层面上的疲劳体验。每个维度不仅能够反映疲劳的独特表现，还能为量表提供更为全面的数据支持，帮助研究者全面评估疲劳的影响。

1. 情绪维度

心理疲劳常常伴随负面情绪的产生，诸如焦虑、易怒和情绪波动等。疲劳状态可能会导致运动员的情绪调节能力减弱，从而影响其情绪的稳定性。例如，运动员在长时间的训练或比赛中，可能因过度疲劳而出现情绪低落或情绪易变的现象。为了准确反映这一现象，量表应包括评估情绪波动和负面情绪的条目。这些条目不仅能揭示疲劳对运动员情绪状态的影响，还能帮助研究者了解疲劳的情绪表现及其对运动员心理状态的深远影响。

2. 认知维度

疲劳对认知功能的影响主要表现在注意力集中困难、记忆力减退及信息处理速度下降等方面。认知功能的衰退会直接影响运动员在训练和比赛中的表现，因此，量表应特别关注运动员在精神状态方面的变化。具体来说，量表应涵盖与专注力、反应速度和思维敏捷度相关的条目。例如，运动员是否感到难以集中注意力，是否觉得自己的反应变得迟钝，或是否在比赛中容易犯错，这些都能反映认知维度对疲劳的影响。

3. 行为维度

心理疲劳不仅影响个体的情绪和认知，还可能导致行为上的变化，诸如主动性下降、社交退缩以及行动迟缓等。疲劳可能使运动员缺乏参与活动的动力，或者在面对训练和比赛时表现出明显的行为迟滞。为了全面评估运动员的心理疲劳，量表应包含评估行为变化的条目，特别是在训练和比赛过程中，运动员是否出现了显著的主动性降低、反应迟缓或社交退缩等现象。

4. 身体维度

身体疲劳是心理疲劳的重要组成部分，常伴随生理症状的出现，如持续性乏力、头痛、肌肉紧张等不适感。心理疲劳不仅影响运动员的心理状态，还会通过生理反应影响其身体状况。因此，量表设计应包括评估身体状态的条目，帮助识别疲劳的生理影响。例如，运动员是否感到持久的身体疲乏，是否出现头痛、肌肉酸痛等生理症状，这些都是心理疲劳在身体层面的表现。

通过多维度评价理论，量表能够全面涵盖心理疲劳的各个方面，确保测量结果的科学性和完整性。不同维度的条目相互补充，能够为后续的数据分析提供更加丰富的支持，帮助研究者在心理疲劳评估中获得更为全面的视角。同时，这种多维度的设计也有助于避免单一维度可能带来的偏差，提供了更为客观的评估框架。

（二）李克特量表设计评价

李克特量表（Likert scale）量表是运动性心理疲劳评价中常用的工具，其设计基于序列评分的心理学原理，旨在通过一系列有序的评分选项评估受测者的心理疲劳感受。典型的李克特量表为每个条目提供一系列评分选项，例如，1 表示“完全没有疲劳”，7 表示“极度疲劳”。常见的评分模式为五点或七点评分，其中五点评分系统通常用于简单的疲劳评估，而七点评分系统则能够捕捉更为细致的心理状态变化。不同的评分模式各有优缺点：选项过少可能无法准确反映受测者在心理疲劳感知上的细微变化，而选项过多则可能增加受测者的选择负担，导致回答的疲劳感受到干扰。因此，合理选择评分点的数量和设计评分选项的内容，既要确保量表的敏感性，又要避免过度复杂化。

在量表条目的设计上，正向条目与反向条目的结合是提高量表信度的重要手段。正向条目直接询问受测者的疲劳感受，例如“我感到注意力难以集中”；而反向条目则采用积极的表述，如“我能轻松集中注意力”。这种正反向条目的混合设计有助于减少受测者的回答偏差，避免其因习惯性或自动化的应答方式而影响测量结果。反向条目的设置可以有效打破受测者的刻板回答模式，从而提升量表的准确性和可靠性。此外，反向条目的设置有助于检验受测者是否认真作答，进一步增强了量表的信度。

在评价李克特量表设计时，可以通过以下几个指标进行系统性分析：

1. 信度

信度是衡量量表一致性的关键指标，即量表在不同时间和不同情境下能够提供稳定结果的能力。常见的信度评估方法包括内部一致性（如 Cronbach's α 系数）和重测信度。信度较高的量表可以确保受测者的回答在不同时间点或不同评分者间的一致性，这对心理疲劳的评估尤为重要。反向条目的设置有助于提高量表的信度,防止受测者产生固定的回答模式。

2. 效度

效度是指量表能够准确测量目标心理特征的能力。在设计心理疲劳量表时,主要考虑内容效度、构想效度和标准效度。量表应覆盖运动员心理疲劳的各个维度,如注意力分散、情绪波动、动力丧失等;同时,量表设计应符合已有的理论框架,并能与相关标准工具(如自评疲劳量表)进行比较,验证其测量效果。

3. 敏感性

敏感性反映了量表对细微变化的反应能力。对于心理疲劳的评估,量表应能够检测到运动员在不同疲劳阶段的变化,尤其是对于高度疲劳和恢复状态的微小差异。因此,量表的评分点数量和设计应能够捕捉这些细微的变化,而避免过多评分点导致的认知负担。

4. 简洁性

量表的设计应保证简洁、直观,减少受测者的理解难度。特别是在运动员群体中,量表应避免冗长的指引语和复杂的评分规则,以提高填写效率。在运动环境中,尤其是在训练后的疲劳评估时,简便性尤为重要,以确保量表能够快速、准确地反映运动员的心理疲劳状态。

5. 数据分析的可操作性

一个良好的量表设计应便于数据的整理与分析,尤其是在大规模研究中。量表的评分系统应保证数据收集后能迅速识别出异常值与趋势。为此,评分系统应简洁且具备逻辑性,使研究人员能够高效地进行数据编码、分析和解释。

6. 受测者体验

受测者的回答态度和行为对于量表的有效性至关重要。设计时应考虑受测者的疲劳程度、文化背景及语言理解能力。在运动员群体中,量表应尽量避免复杂的术语和不明确的表述,以减少受测者的理解偏差,提高其作答的真实度。

精心设计和优化这些指标可以最大程度地提高量表的测量准确性和操作性,为运动员的心理健康评估提供可靠的数据支持。同时,科学、合理的量表设计不仅有助于提高研究的有效性,也能为体育心理学领域的干预措施提供扎实的理论基础。因此,确保量表设计的全面性和严谨性,对于推动运动员心理疲劳管理和干预的实践具有实际意义。

(三)心理疲劳量表的评价标准

运动性心理疲劳量表的评价方法借鉴了其他相关领域的心理疲劳评价方法。在教育、医疗等其他相关研究领域,已经有人根据问卷得分来判断心理疲劳的程度,并初步制定了心理疲劳的评价标准。这些方法归纳起来主要有以下几种。

1. 三分之一标准

该评价标准最初由 Maslach 等提出,方法是将被试在三个分量表上的得分进行排序,并分为低度、中度和高度心理疲劳三组。具体而言,若任何一个分量表得分位于上位三分之一,则被判定为高度心理疲劳。Maslach 和 Jackson 进一步提出,情绪耗竭得分小于或等于 16 为低度心理疲劳,17~26 为中度心理疲劳,大于或等于 27 为高度心理疲劳;去人性化得分小于或等于 8 为低度心理疲劳,9~13 为中度心理疲劳,大于或等于 14 为高度心理疲劳;个人成就感得分小于或等于 30 为高度心理疲劳,31~36 为中度心理疲劳,大于或等于 37 为低度心理疲劳。

该评价方法被广泛引用。例如,Gustafsson 等通过四维度的伊德斯运动员心理疲劳量表对优秀青年运动员进行了调查,依据此标准检验了不同性别及个人式或体项目运动员在心理疲劳低、中、高组的分布。Kelley 等也采用该评价标准对教练的心理疲劳程度进行了划分。Hjalm 等使用 MBI 评估了 53 名瑞典优秀足球教练的心理疲劳状况,并根据 Maslach 和 Jackson 的得分标准,检验了不同联盟教练的心理疲劳水平。

虽然“三分之一标准”被广泛应用,但在实际使用中,需要进一步考虑不同因素在整体心理疲劳中的作用差异。在评估运动员心理疲劳时,应考虑各因素的相对重要性,以提高评价的科学性和准确性。

2. 75%标准

Brenninkmeijer 等探讨了使用单一指标评价心理疲劳的优缺点,并验证了以“耗竭+1”作为倦怠评价标准的有效性。具体而言,该标准要求情绪耗竭分量表得分达到上位 75%,且其他两个分量表中至少一个得分也要达到上位 75%,才能判断为心理疲劳。研究结果表明,这一评价标准能显著降低倦怠评价错误率(约为 6.8%)。此外,Brenninkmeijer 等还利用“耗竭+1”标准成功验证了高心理疲劳与低心理疲劳的教师在优越感上的差异,结果表明该标准较为合适。

Lindblom 等采用类似的标准,研究了工作人群的心理疲劳问题及其与社会心理因素的关系。他们设定了 25%和 75%为临界点:当“耗竭分”高于 75%,且“讥诮”或“职业效能之一”高于 75%时,判定为高心理疲劳;当“耗竭分”低于 25%,且“讥诮”或“职业效能之一”低于 25%时,判定为低心理疲劳;其他情况则为中度心理疲劳。Taris 等也使用了类似标准,设定“耗竭”的临界值为 3.6,“讥诮”的临界值为 2.7,“成就感降低”的临界值为 4.7。Msaouel 等则在希腊住院实习医生的心理疲劳测量中应用了这一标准。

这些评价标准得到了广泛支持,尤其是情绪耗竭对心理疲劳的影响方面。由此可见,心理疲劳的评价应当为各维度赋予相应的权重,以反映各维度的相对重要性。尽管该标准强调了情绪耗竭的重要性,其他维度的作用也应同样受到关注,以提高评价的全面性。

3. 加权评价法

为解决心理疲劳三个分量表无法合成总分的问题,Kalimo 等采用加权方法,在芬兰对 3 300 名具有全国代表性的工作人员进行了心理疲劳调查。他们使用判别函数分析法，将心理疲劳的三个维度作为自变量，以工作能力指数作为因变量，根据判别函数系数的大小为各维度赋予权重。具体而言，心理疲劳总分计算公式为：心理疲劳得分=0.40×“耗竭”+0.30×“讥消”+0.30×“成就感降低”。基于此公式，Kalimo 等将心理疲劳划分为：无心理疲劳（0～1.49）、轻度心理疲劳（1.50～3.49）和严重心理疲劳（3.50～6.00），探讨了心理疲劳与工作特征及个人资源的关系。Honkonen 等亦采用该公式，并根据上述标准，研究了心理疲劳与身体疾病之间的关系。

采用加权计算方法可以较为全面地反映各维度在心理疲劳中的重要性。通过为每个维度赋予不同的权重，该方法能够更加精准地体现各维度对整体心理疲劳的重要程度，提高评估的科学性。加权计算方法有效解决了不同维度相对重要性的问题，但同时需要进一步考虑如何处理维度间的差异，以确保计算结果的合理性和准确性。

通过上述讨论，我们可以看出，研究人员应针对不同个体选择适当的评估工具。由于一些测量模型的各维度是相互独立的，因此不能简单合成总分。尽管上述方法已在一定程度上得到应用，但其适用性和效果仍有待进一步验证。

（四）自我知觉理论与社会认知理论

心理疲劳的主观报告与个体的自我知觉密切相关。自我知觉理论（Self-Perception Theory）认为，个体通过观察自身的行为、情绪波动及身体状态，逐渐形成对自身疲劳感的认知。运动员通常通过回顾自己在训练中的表现、情绪波动，以及睡眠质量等因素，来评估自己当前的疲劳程度。例如，运动员可能注意到，在长时间高强度训练后，自己出现了集中注意力困难、情绪低落等表现，这些反馈促使他们对自身疲劳感进行评估。自我知觉理论强调，个体往往通过外部线索（如身体反应、训练效果等）来推断其内在状态，因此，这种主观认知可能并不总是完全准确，但却能提供对个体状态的一个有效估计。

社会认知理论（Social Cognitive Theory）则认为，个体对疲劳的评价不仅受到内在因素的影响，还会受到外部社会环境的干扰。具体来说，运动员在评价自己是否疲劳时，往往会受到团队氛围、教练的期望，甚至比赛压力等外部因素的影响。社会认知理论指出，个体的行为和心理状态往往是在与他人互动的过程中形成的，个体不仅会受到自己身体的反馈，也会受到他人对其表现的期望和反馈的影响。例如，在集体项目中，运动员可能会因为团队的压力而低估自己的疲劳感，认为自己不应该表现出任何软弱或不适，进而强忍身体的不适；又或者在比赛中，运动员可能因强烈的社会期望而忽视疲劳的信号，继续进行高强度的运动，甚至在明显疲劳的情况下仍然表现得充满活力。

因此，在量表设计过程中，必须考虑到外部压力对个体主观报告的潜在影响。

为了最大限度地减少外部因素,尤其是社会期望引起的偏差,量表条目应尽可能保持中立,避免引导受试者做出迎合性的回答。举例来说,设计时应避免使用如“你是否感到疲惫,因为你知道教练希望你能够坚持训练”的引导性问题。相反,条目应更加侧重于受试者的自我感受,例如“你是否感到无法集中精力”这种设计可以帮助研究者更真实地捕捉到运动员的心理疲劳水平,避免受到社会期望效应的影响。

此外,为了进一步提升量表的可靠性,可以结合自我知觉和社会认知理论进行条目的设计与验证。设置既能反映个体自我感知的条目,又能在一定程度上避免社会因素干扰的条目,能够提高量表的有效性和精准性。

(五)条目的语言设计与文化适配

量表条目的语言设计应尽量避免使用复杂或模糊的术语,以确保不同教育水平的受测者能够准确理解。尤其是在运动员群体中,由于个体的教育背景、文化差异及心理状态的不同,简单清晰的表述显得尤为重要。对于高强度训练后的运动员来说,简单明了的语言不仅能够减少认知负担,还能提高他们对量表条目的理解度,进而提升回答的质量和可靠性。运动员在心理疲劳的感知上可能存在差异,而这种差异部分源于其文化背景的影响。

文化背景在心理疲劳的感知中起着至关重要的作用。不同文化对心理疲劳的定义和理解往往存在显著差异,这意味着相同的条目可能在不同文化背景的运动员中引起不同的反应。例如,某些文化可能更注重群体协作和社会支持,而其他文化则可能强调个人意志和自我克制,这种文化差异会影响运动员对心理疲劳的感知。因此,为了确保量表在国际比赛中的普适性和有效性,量表条目在推广之前必须进行严格的文化适配。

文化适配的过程通常包括翻译-回译(Translation-Back Translation)和跨文化验证(Cross-Cultural Validation)。翻译-回译方法通过将量表条目从源语言翻译成目标语言,再由另一名独立的翻译人员将其重新翻译回源语言,以确保翻译的准确性和一致性。该过程可以有效地发现翻译中的歧义和误解,从而提高条目的清晰度和可理解性。跨文化验证则通过对不同文化背景的样本进行试测,评估量表条目在这些文化中的适用性和有效性。这种方法可以识别不同文化背景下的潜在问题,确保量表能够在各种文化环境中得到有效应用。

此外,在文化适配过程中,还需要关注文化特定的概念和表达方式。有些文化中的术语或表达方式可能无法在其他文化中找到对应的概念,或其含义可能发生偏差。因此,在设计量表时,研究者应考虑到这些潜在的文化差异,避免使用可能引起误解或混淆的语言。例如,在一些文化中,关于疲劳的表达可能带有较强的情感色彩,而在另一些文化中则可能更加理性或中性,这些差异需要在量表的设计中加以调整。

综上所述，量表条目的语言设计与文化适配是确保心理疲劳测量工具普适性和有效性的关键环节。采用清晰简洁的语言，结合科学的文化适配方法，可以使量表在不同文化背景下的运动员中得到准确的评估，从而更好地支持运动员的心理健康管理，提升运动训练的科学性和合理性。

（六）动态评价与反馈机制

心理疲劳具有动态变化的特点，要求我们在评估过程中采用灵活的评价模式，以应对个体状态的不断波动。这种动态性表明，心理疲劳的状态可能随时间、训练负荷的变化及比赛压力的大小而波动。因此，传统的静态评估方法（如仅在特定时间点进行一次性评估）可能无法全面捕捉心理疲劳的变化趋势。

为了更精准地监测和理解心理疲劳的发展过程，主观量表应采用动态评价模式，这种模式允许在一段时间内多次评估个体的心理状态，从而更真实地反映心理疲劳的变化。在实施动态评价时，建议在运动员的训练周期内定期进行心理疲劳的主观评估。评估频率可以根据训练计划和比赛安排灵活调整，一般建议每周或每月进行一次。定期评估可以追踪运动员心理疲劳的变化趋势，及时发现疲劳累积和潜在风险。

评价结果应及时反馈给运动员和教练，帮助他们根据当前心理疲劳的水平调整训练计划。例如，当评估结果显示运动员的心理疲劳较高时，教练可以考虑减轻训练强度、增加恢复时间，或安排放松和减压活动。通过动态反馈，教练能够更有效地管理训练负荷，防止因疲劳积累导致的伤害或表现下降。

此外，反馈机制还应包含对运动员的正向激励和支持。当运动员在心理疲劳评估中表现出积极迹象时，应及时给予认可和鼓励，以增强他们的信心与动力。这种正向反馈能够激发运动员的积极性，帮助他们在面临挑战时保持斗志。

综上所述，动态评价与反馈机制的结合为心理疲劳管理提供了有效工具。定期评估与及时反馈，能够更好地监控运动员的心理状态，调整训练计划，优化表现并降低受伤风险。此方法不仅能提高运动员的训练效率，还能促进其心理健康。

（七）情境依赖与适应性设计

心理疲劳的感知往往具有高度的情境依赖性，因此量表设计必须考虑到不同情境对疲劳体验的影响。例如，运动员在高强度赛事、极端天气或高压环境下的疲劳感知通常比常规训练时更加明显。极端的比赛条件可能使运动员的生理与心理负荷加重，从而导致疲劳的表现更为突出。因此，量表的设计应具有情境适应性，能够根据不同的环境或比赛条件，针对性地评估运动员的疲劳状态。具体而言，可以为不同的情境设计专门的量表版本，以确保在各种条件下都能精准地捕捉到运动员的疲劳感知，从而提高评估结果的准确性和可靠性。

除了情境因素外，量表的设计还应考虑到不同运动项目的特点。不同运动项目对运动员的体力和心理要求存在显著差异，因此，运动员的疲劳体验也会有所不同。例如,耐力型运动员在长期高强度训练或比赛后,通常会表现出较为明显的身体疲劳感,如肌肉酸痛、持续疲乏等生理反应。而技巧型运动员则更多地感受到认知方面的疲劳,如注意力不集中、决策迟缓等心理层面的疲劳症状。因此,量表设计应根据运动员的项目特征,分别注重评估身体疲劳和认知疲劳的不同维度,以更全面地反映运动员在特定运动项目中的疲劳状况。

总之,量表的情境依赖性与适应性设计确保了评估结果的准确性与针对性,使其能够在多变的环境和不同运动项目中稳定适用。这一设计理念不仅增强了量表的实用性,还为运动员的疲劳管理、心理调节和健康保障提供了重要支持。

通过运用上述心理学原理,量表设计可以更加科学、严谨地评估运动员的心理疲劳状态。量表不仅应具备高度的信度和效度,还需在不同情境下保持稳定性和适用性。为此,设计者应在实际应用中不断进行量表的修订与优化,确保其能够准确反映运动员在各种条件下的疲劳感受,并为训练管理和心理干预提供可靠依据。

二、问卷设计的有效性检验

问卷设计的有效性检验是确保量表科学性和适用性的关键环节,主要通过内容效度、构念效度和标准效度三个方面进行评估。这些检验共同作用,确保量表能够准确反映目标心理构念,进而为心理学研究和实践提供可靠依据。

内容效度是指量表的内容与研究目的及理论框架之间的一致性。为了确保内容效度,研究者通常通过专家评审的方式进行评估。专家评审通常指邀请在相关领域具有丰富经验的学者或临床专家,对量表条目进行审阅和评价。这一过程的核心目标是确认量表是否能够全面涵盖目标心理构念的各个维度。例如,在设计一个包含认知疲劳、情感疲劳和动机疲劳等维度的问卷时,研究者可以邀请三位专家分别对每个维度的相关条目进行评分并提供反馈。通过专家的反馈,研究者可以识别出是否存在遗漏或不恰当的条目,进而改进问卷内容,以确保其全面性和准确性。

此外,专家评审还可以帮助确保条目的措辞清晰、易于理解,避免出现模糊或复杂的表述,从而降低测量误差。专家评审还能够识别出与目标构念无关或具有歧义的条目,确保量表的内容仅聚焦于研究目标所需的心理特征。例如,如果量表的条目存在过多关于非疲劳相关情境的描述,专家评审可以及时提出修改意见,帮助优化量表设计(表 5-1)。

表 5-1　心理疲劳问卷条目专家评审评分表

编号	条目内容	评分			
		专家 1	专家 2	专家 3	平均分
1	最近一周,您是否感到精神疲惫?	4	5	4	4.33
2	在工作学习中,您是否容易分心?	5	4	5	4.67
3	是否觉得完成任务需要付出更多努力?	3	4	3	3.33
4	是否感到对日常活动缺乏兴趣?	5	5	5	5
5	是否经常感到情绪低落或焦虑?	4	5	4	4.33

构念效度的进一步检验旨在验证量表是否能够准确测量假设的心理构念。常用的分析方法包括收敛效度和区分效度。收敛效度评估不同测量工具对同一构念的测量结果是否高度相关,通常表现为高相关系数。例如,若心理疲劳量表的得分与已知疲劳量表的得分相关系数达到 0.7 以上,则表明收敛效度良好。相对地,区分效度则考察量表在测量不同构念时的区分能力。若心理疲劳量表与压力量表之间的相关系数低于 0.3,则说明量表能够有效区分不同构念。

标准效度通过将量表得分与相关变量进行比较,来检验其预测效度和同时效度。预测效度评估量表对未来结果的预测能力。如果心理疲劳量表能够有效预测个体在工作表现或生活质量上的下降,则表明其具有良好的预测效度。此外,同时效度关注量表与现有标准量表之间的相关性。相关分析可以评估这一关系,例如,若心理疲劳量表的得分与主观幸福感量表的得分呈负相关,则表明该量表的标准效度得到了验证。

为确保量表的有效性,研究者需进行多种统计分析,包括相关分析、回归分析和多变量分析等。相关分析有助于识别变量之间的关系,而回归分析则可以评估自变量对因变量的影响程度。回归分析不仅为量化分析提供工具,也为构建心理疲劳与其他变量之间的关系模型提供支持。

此外,跨样本验证也是检验量表适用性的重要方法。在不同人群或文化背景下进行测试,可以评估量表的普遍性。如果量表在年轻人与老年人群体中的表现相似,说明其具有较强的适用性。研究者还应确保样本的多样性,以识别潜在的文化和群体差异。

探索性因子分析(EFA)和验证性因子分析(CFA)是检验量表构念效度的常用工具。EFA 用于在理论不明确时探学潜在的因子结构,强调数据驱动,适用于量表开发初期;而 CFA 则用于在理论明确的前提下验证预设的因子模型,强调理论驱动,常用于量表验证阶段。EFA 不预设变量与因子的对应关系,而 CFA 需指定变量加载于特定因子,并通过拟合指数评估模型质量。两者在心理学研究中常配合使用,前者探索结构,后者检验稳定性,共同提升测量工具的信效度。

三、心理疲劳量表的应用范围

心理疲劳量表的应用范围广泛,涵盖了运动员、学生、办公室工作者、医疗工作者等不同群体,能够提供对心理疲劳状态的定量评估,从而为制定有效的干预措施提供依据。

在运动领域,心理疲劳量表主要用于评估运动员在训练和比赛后的心理疲劳程度。通过量化评估心理疲劳,教练和运动员能够更好地调整训练计划,并制定个性化的恢复策略。特别是在高强度训练后,量表可以帮助识别那些需要更多恢复时间或不同心理调适方法的运动员,从而优化其竞技表现。

在学术环境中,心理疲劳量表同样被广泛应用于学生群体。随着学习压力增大,尤其是考试季的临近,学生面临较大的心理负担。心理疲劳量表的使用有助于揭示学习压力和考试焦虑对学生心理疲劳的影响。量表能够帮助教育工作者了解不同年级或专业学生的心理疲劳水平,并据此制定有针对性的心理健康干预措施,以提升学生的学习效果和整体福祉。通过定期监测学生的心理疲劳水平,学校能够及时识别高心理压力的学生群体,并为其提供必要的支持与资源。

在职场中,现代工作环境伴随着高强度的工作压力,员工的心理疲劳直接影响工作效率和团队合作。管理者可以利用心理疲劳量表评估员工的心理疲劳状况,为改善工作环境和提升工作效率提供数据支持,从而推动组织的整体绩效(表5-2)。

表 5-2 常见的工作场所心理疲劳量表

应用对象	量表用途	预期效果
员工	评估工作压力与疲劳	改善员工心理健康,提升工作效率
管理层	了解团队整体心理疲劳状况	优化团队管理策略,增强团队凝聚力
人力资源部门	识别需要支持的员工,制定干预计划	提高员工满意度与留任率
培训与发展部门	评估培训活动对员工心理疲劳的影响	改进培训内容与形式,提升员工技能和表现

随着医疗行业面临的压力不断增加,医疗工作者的心理健康问题日益突出。心理疲劳量表能够有效评估医护人员在高强度工作环境中的心理疲劳程度,为提升工作满意度和提供心理支持提供依据。通过量化评估,医院管理者可以识别出心理疲劳较为严重的员工,并及时提供心理咨询、调整工作安排或增设休息时间,从而降低医务人员的离职率和职业倦怠感。

此外,心理疲劳量表在研究和政策制定领域也具有重要应用。在心理健康研究中,量表的结果为科学研究提供了实证数据,有助于理解心理疲劳的影响因素及其后果,并为公共政策的制定提供支持,从而推动社会整体心理健康水平的提升。

在临床心理学中,心理治疗师可以通过量表评估患者的心理疲劳状况,以制定个性化的治疗方案。在心理干预过程中,量表还可以作为评估干预效果的工具。通过对比治疗前后的量表得分,治疗师能够观察患者心理状态的变化,不仅提供了治疗效果的量化依据,还帮助患者和治疗师共同了解心理恢复的进展。

综合分析心理疲劳量表在不同领域的应用,可以发现其具有较强的灵活性和适应性。量表的设计不仅可以针对特定人群的特点进行调整,还能够根据实际应用需求提供个性化的评估工具。例如,针对某特定行业的工作人员,量表可能会增加与工作内容相关的条目,以提高测量的准确性和实用性。随着对心理疲劳研究的不断深入,量表的应用范围将持续扩大,未来可能涵盖更广泛的人群和场景。

四、量表设计的标准化流程

量表设计的标准化流程是一个系统且循序渐进的过程,旨在确保量表的科学性与适用性。该流程包括多个关键步骤:项目生成、项目筛选、量表编制、预测试、正式测试及量表修订。每个步骤都具有独特的目的和方法,为量表的有效性与可靠性奠定基础。

(一)项目生成阶段

项目生成是量表设计的第一步,研究者根据现有的理论框架和相关文献构建初步的项目池。此阶段需要广泛查阅文献,识别与研究目标相关的心理构念,如情绪状态、认知功能和行为表现等。研究者应重点关注已有量表和测量工具,提取与目标构念相关的条目,并根据需要进行修改或调整,以确保量表能够全面覆盖各个维度。为了提高条目的有效性和代表性,可以使用专家访谈、焦点小组讨论及问卷调查等方法收集各方面的反馈意见,确保项目池的广泛性和多样性。此外,在构建初始项目池时,研究者还应考虑文化和语境差异,确保量表条目具有普遍适用性,为后续的筛选和修订奠定坚实的基础。

(二)项目筛选阶段

在项目筛选阶段,研究者对初步生成的项目池进行系统的审查和筛选,确保量表条目的质量和相关性。此阶段通常通过专家评审和统计分析两种方法进行。专家评审由该领域的资深学者或从业人员组成,他们从专业角度评估每个条目的内容有效性和概念适切性。专家评审后,研究者根据专家反馈对项目进行初步筛选。项目分析则通过统计方法对每个条目的质量进行评估,包括条目的分布特征、内部一致性和条目与总分的相关性等。常见的统计指标如 Cronbach' s alpha

维度的测量。计算机化测试的优势在于其自动化水平高、数据采集速度快、结果处理便捷，且能够进行多次测量，具有较高的重复性和标准化程度。此类测试常用于认知功能评估、心理健康筛查及临床诊断等领域。通过计算机化测试，设置不同难度的任务情境，以量化个体在不同任务条件下的行为表现，并通过反应时、正确率等指标评估认知能力。

三、行为指标的疲劳相关性分析

行为指标的疲劳相关性分析是通过对行为数据的系统评估，揭示心理疲劳与各类行为表现之间的潜在关系。此类分析通常采用相关分析、回归分析及多变量分析等统计手段，旨在从多维度理解心理疲劳如何干扰个体的认知功能、决策能力和任务表现。在心理疲劳研究中，常见的行为指标包括反应时间、错误率、注意力维持、任务专注度及工作记忆容量等。这些指标可以更深入地解析疲劳对行为表现的多层次影响，并为疲劳监测与干预策略的开发提供数据支持。

心理疲劳往往导致认知和行为反应的迟缓。反应时间是指个体对外界刺激做出反应的速度，常被用于衡量个体的注意力集中度、信息处理速度及决策时效性。当个体处于心理疲劳状态时，反应时间通常会显著增加，表现为处理信息的速度变慢、反应滞后，在任务负荷较重或任务持续时间较长的情境中尤为明显。为了量化心理疲劳与反应时间之间的关系，通常会使用相关分析，计算两者之间的相关系数。假设研究中，反应时间与疲劳评分之间的相关系数为 $r=0.65$，这表明疲劳程度的增加与反应时间的延长呈正相关，且相关强度较高。后续的回归分析可以揭示疲劳对反应时间的影响模式，通过建立回归模型，预测疲劳评分每增加一个单位，反应时间的增加量。

例如，设定线性回归模型的方程为式（5-1）：

$$\hat{Y}=\beta_0+\beta_1 X \tag{5-1}$$

式中，$\hat{Y}$ 为反应时间；X 为疲劳评分；β_0 为截距；β_1 为疲劳对反应时间影响的系数。假设 $\beta_1=15$，即疲劳评分每增加一个单位，反应时间增加 15 ms，能够定量化地描述疲劳对个体行为表现的直接影响。

在认知任务或反应时任务中，错误率代表个体做出错误反应的频率。当个体处于疲劳状态时，认知资源的消耗使得信息加工过程中的错误发生率上升，表现为判断错误、决策失误或操作偏差的频率增加。疲劳导致的错误率上升可以反映在多种任务情境中。例如，在复杂的认知任务或高强度的连续操作任务中，运用多变量分析，能够同时分析疲劳程度与错误率之间的关系，排除其他可能的干扰因素，如任务难度或个体差异的影响（表 5-7）。

表 5-7　多变量回归分析结果

变量	回归系数(β)	标准误差(SE)	显著性水平(*p* 值)
疲劳评分	0.65	0.1	<0.01
反应时间	15	2	<0.01
错误率	0.12	0.03	<0.05

从表 5-7 中可以看到,疲劳评分与反应时间、错误率均存在显著的正相关关系。说明随着疲劳程度的增加,反应时间延长,错误率上升。通过多变量分析方法,研究者能够更加准确地评估疲劳对行为表现的多方面影响。

心理疲劳往往表现为个体难以持续集中注意力,从而导致注意力的分散和波动。注意力分散可以通过行为数据来反映,如个体在执行任务过程中注意力转移的频率、专注时间的缩短或任务中断的次数等。实验中,注意力维持通常通过持续注意力任务(如持续执行任务或视觉搜索任务)来测量。随着任务时间的延长,心理疲劳逐渐积累,个体在任务中的注意力表现也随之恶化。通过时间序列分析,研究者可以跟踪个体注意力在任务进行过程中的变化轨迹,并将其与疲劳程度进行比较,能够揭示疲劳对个体注意力维持的动态影响。

工作记忆指的是个体在短时间内保持和处理信息的能力,而心理疲劳的累积往往导致工作记忆容量的下降,使得个体在任务中难以保持对信息的有效加工和存储。疲劳对工作记忆的影响会通过任务表现中的错误增加、信息回忆的减少或反应时间的延长体现出来。在实验中,通常使用多任务范式或复杂的记忆任务来评估工作记忆容量的变化。通过双任务范式,可以考察个体在执行主任务和次任务时的表现,并分析疲劳对任务间资源分配的影响。通过方差分析或回归分析,可以量化疲劳对工作记忆容量的影响程度,从而揭示疲劳如何妨碍个体的信息处理能力。

除了单个行为指标的分析,还可以通过多层次建模或结构方程模型(SEM)等高级统计方法,探讨疲劳对多个行为指标的联合影响。结构方程模型能够同时考虑多个因变量之间的相互关系,并揭示隐藏在行为数据背后的更复杂的疲劳效应机制。通过结构方程模型,研究者可以构建包括反应时间、错误率、注意力维持和工作记忆容量的综合模型,分析疲劳如何通过不同路径影响这些行为指标。在结构方程模型中,疲劳作为潜变量影响行为表现的各个方面。模型可以通过最大似然估计法来拟合实验数据,并生成各路径的标准化系数。假设疲劳对反应时间的标准化路径系数为 0.50,对错误率的系数为 0.35,对注意力维持的系数为 0.40,则表明疲劳对不同行为指标的影响程度不一,且存在不同的作用路径。

四、行为测量的信度与效度

行为测量的信度和效度是确保研究结果可靠性的两个核心要素。信度描述了测量工具在不同时间、条件或评分者下能否产生一致结果，而效度则反映了测量工具是否能够准确捕捉其设计所要评估的行为或构念。良好的信度和效度不仅是行为测量工具质量的直接体现，也直接影响研究结论的严谨性和科学性。为了确保测量工具在实际应用中具备足够的信度与效度，研究者通常采用一系列评估方法，并通过复杂的统计手段来验证工具的表现。

信度评估中的常见方法包括测试-重测信度、内部一致性信度和评分者信度等。测试-重测信度评估指的是在相同条件下重复测量同一群体行为结果的稳定性。通常会在一段时间后对相同个体进行重复测量，并通过计算两次测量之间的相关系数来评估其一致性。如果在某个行为测量工具的初次测试和随后的重测之间的相关系数较高（例如 $r=0.85$），则表明该工具在不同时间点具有良好的稳定性。评估时间间隔的长短会影响测试-重测信度的结果。较长的时间间隔可能导致个体行为发生变化，进而降低相关系数。因此，时间间隔的选择需要谨慎平衡。内部一致性信度则是评估测量工具中各个项目之间的一致性，通常通过计算 Cronbach's alpha 系数来进行。假设某个行为量表包含多个项目，应当共同衡量一个特定的行为或心理构念。如果项目之间的内部一致性较强，即都在衡量同一构念，则 Cronbach's alpha 系数会接近 1，表明量表具有较高的内部一致性信度。一般来说，α 值在 0.7 以上被认为是可接受的信度水平。例如，一个反映认知疲劳的量表，若其 α 系数为 0.82，则说明该量表中的各个项目一致性良好，能够有效评估认知疲劳。

效度评估常见的方式包括内容效度、构念效度和标准效度等。内容效度反映了测量工具是否全面覆盖了所要测量的行为或构念的各个方面。这种评估会邀请领域专家对测量工具的各个项目进行审查，以确保这些项目能够代表所测构念的各个维度。比如，用于评估工作记忆的测量工具，若其项目仅涉及短期记忆而未包含信息处理或干扰任务的应对能力，则无法全面反映工作记忆的实际表现。因此，专家们的反馈可以帮助研究者完善工具，确保其具有充分的内容效度。构念效度是评估测量工具是否能够有效地反映其所声称的心理构念。若量表可以测量疲劳感，则该量表的分数应与其他被认为与疲劳相关的构念（如认知负荷、注意力不集中等）具有显著相关性，而与无关构念（如外向性、幽默感等）无显著相关性，其通常通过因子分析等统计方法来检验构念效度。因子分析可以帮助识别测量工具中的不同维度，并验证每个维度是否与相应的理论构念一致。假设某项行为测量工具通过因子分析揭示了两大潜在维度——任务专注度与疲劳效应，与相应的理论假设一致，则表明该工具具有较好的构念效度。标准效度是指测量工具的结果与一个外部标准之间的相关程度，可以进一步分为预测效度和同时效度。预测效度是评估测量工具的结果能否准确预测未来的行为或表现，通过长期追踪个体的任务表现，评估测量工具的分数是否与后续的行为变化存在显著关系。假设某个疲劳量表的预测效度系数为 $r=0.78$,则说明该量表能够较为准确地预测疲劳对未来行为的影响,同时效度则是评估测量工具的结果与当前其他测量工具的结果之间的相关性。

在行为测量的实际应用中,信度与效度往往需要在多次实验或广泛应用后进行综合评估。为确保测量工具的信度与效度,研究者需要在工具的设计和使用过程中进行严格的实验控制,并结合适当的统计手段进行修正。若测量工具在初次应用中的信度不佳,研究者可能需要重新审视其项目设计,排除不一致或歧义性较大的项目,以提高工具的整体一致性。通过持续的实验验证,研究者可以逐步完善工具的构念效度,使其更贴近实际测量的心理和行为现象(表 5-8)。

表 5-8　行为测量工具的信度与效度评估

评估方式	相关系数(r)	标准误差(SE)	样本数(N)
测试-重测信度	0.85	0.05	100
内部一致性信度	0.82	0.04	120
评分者信度	0.9	0.03	80
构念效度	0.78	0.06	150
标准效度(预测)	0.77	0.05	130
内容效度(专家评分)	0.88	—	10

五、行为测量结果的解释与应用

行为测量结果的解释与应用需要在充分理解实验设计、数据分析方法及相关领域理论背景的基础上进行综合分析。在解释行为测量结果时,必须确保分析过程严谨科学,避免依赖个人偏见或未经验证的假设来推断行为的本质或潜在原因。结果的合理解释依赖于对实验中控制变量的理解、对实验操作中潜在混淆因素的排除及数据本身所提供的信息。其必须通过统计分析明确不同变量之间的关系、效应大小及其可能的互动,以揭示行为变化的真实来源。在具体的行为测量中,实验设计的方式直接决定了数据的性质及解释的范围。如果实验设计采用的是重复测量设计,则需要特别关注时间因素对行为测量结果的影响。此类设计通过在不同时间点多次测量个体的行为表现,允许研究者探讨行为在时间维度上的动态变化,可以揭示行为的变化趋势。比如,任务完成时间是否随着疲劳程度的增加而延长,或任务准确性是否随着注意力的分散而降低。在此情况下,必须谨慎处理测量结果中的时间效应,并基于数据揭示行为的变化规律,以形成对疲劳状态下行为表现的全面理解。

除了时间因素，个体差异也对行为测量结果的解释产生显著影响。在实验数据中，个体的认知能力、情绪状态、动机水平和任务经验等变量都可能影响行为表现的差异性，需要通过控制变量或引入适当的统计模型，消除或解释这些个体差异带来的影响，如回归分析可以帮助控制住个体特征差异对结果的影响，从而更准确地解读行为与实验条件之间的因果关系。如果在某项认知任务中，实验结果显示受试者的反应时间随任务难度的增加而延长，在不同个体中存在一致性，则研究者可以合理推断该行为与任务负荷之间存在直接关系。但若某些个体在高任务负荷下的反应时间表现异常稳定或不受影响，研究者则需要进一步分析个体的特点，诸如较高的认知灵活性或较强的抗疲劳能力。

行为测量的结果解释不仅限于实验室情境，还广泛应用于实际场景，严谨的实验分析为多个领域提供理论支持与实践依据。在运动员的训练和比赛管理中，行为测量的结果常用于评估运动员在长时间训练或高强度比赛中的心理和生理状态。通过对反应时间、决策准确性等行为数据的测量，教练可以检测运动员的心理疲劳水平，并据此调整训练强度或休息计划。心理疲劳不仅会影响运动员的决策能力，还会增加其受伤风险。通过持续监测和分析行为数据，教练可以在疲劳初期采取干预措施，以防止运动员出现更严重的表现下滑或生理问题。

在教育领域，行为测量结果同样能够为教学评估与学生管理提供有力支持。学生的学习过程常常受到认知负荷和注意力水平的影响，而这些变化可以通过行为测量工具加以捕捉。行为测量可以帮助教师评估学生在不同学习任务中的专注度和疲劳状态，进而优化教学方法或作业安排。通过分析学生在特定时间段的任务完成时间和正确率，教师可以了解不同教学策略对学生认知负荷的影响。如果测量结果显示，某种教学方法显著降低了学生的专注度或提高了错误率，教师可以据此调整教学策略，使之更适应学生的认知节奏和学习需求。行为测量结果在工作环境中的应用也非常广泛，特别是在员工健康管理与效率提升领域。现代工作环境下，长期的心理压力和疲劳常常导致员工表现的下降，不仅影响企业的整体效益，还对员工的身心健康造成威胁。通过行为测量工具，管理者可以持续监测员工的工作表现，特别是通过对工作任务中错误率、反应时间及任务完成情况的分析，识别员工存在的心理疲劳风险。比如，某企业通过对员工工作期间的行为数据进行分析发现，特定时间段内员工的错误率和任务完成时间显著增加，表明员工进入了疲劳状态。管理者可以基于结果调整工作安排或引入更灵活的工作制度，如适当延长休息时间或推行弹性工作制，以降低疲劳对员工效率和健康的负面影响。

行为测量结果在临床治疗中的应用也逐渐得到重视，尤其是在心理疾病和神经系统障碍的诊断和治疗中，为医生提供了定量化、客观化的评估手段，能够辅助诊断患者的行为异常和心理状态。在抑郁症和焦虑症的治疗中，患者的行为表现如反应迟缓、注意力不集中等都可以通过行为测量工具进行定量评估。通过定期监测患者的行为表现,医生可以评估治疗效果并调整治疗方案。在神经康复治疗中,行为测量也被用于评估患者的认知恢复情况。通过对患者在不同康复任务中的行为表现进行量化分析,治疗师可以实时了解康复进程,并为后续治疗计划提供参考依据。

第三节　生理反馈与疲劳状态监测与评价

一、生理反馈的监测原理

生理反馈的监测基于对人体多种生理系统功能和反应的实时评估,通过提供精确的客观数据,帮助了解个体在疲劳状态下的生理变化。该监测技术的核心在于捕捉不同系统在压力或疲劳状态下的活动变化,尤其是自主神经系统、内分泌系统和肌肉骨骼系统等。不同系统的表现差异为评估疲劳状态提供了多维度的视角,自主神经系统控制许多非自主调节的生理功能,其活动直接影响个体在疲劳或压力状态下的生理表现。通过心率、心率变异性、皮肤电反应和体温等指标捕捉这一系统的活动变化。心率变异性反映了心脏跳动间隔的变化幅度,是衡量自主神经系统平衡状态的重要指标,特别是交感神经与副交感神经活动的相互作用。在高度疲劳或压力状态下,心率变异性通常会降低,显示出交感神经活动的相对亢进,可以作为个体心理和生理压力增大的反映。皮肤电反应的变化也能指示自主神经系统的活动强度,皮肤电反应通常用于评估交感神经兴奋性,当个体处于压力、疲劳或情绪波动的状态下,皮肤电反应会迅速上升。这类变化有助于揭示个体生理上的短期反应和长期状态的调节能力。尤其是在个体面对长期压力和疲劳时,激素水平的变化可以提供更加深入的反馈,皮质醇、肾上腺素和去甲肾上腺素等激素的分泌量与个体的应激反应直接相关。

皮质醇作为应激反应的主要调节激素,其水平通常在个体面临持续压力或疲劳时显著上升。长期高水平的皮质醇可能导致身体适应性调节功能下降,影响免疫系统、代谢功能和大脑认知功能的正常运作。监测皮质醇水平的变化可以掌握个体在疲劳累积中的内分泌状态,进而帮助制定缓解疲劳的干预措施。肾上腺素和去甲肾上腺素同样是压力反应的主要激素,分泌水平与自主神经系统密切相关。当交感神经系统处于亢奋状态时,两种激素的分泌量通常会显著增加。对激素水平进行监测可以评估个体在疲劳和压力状态下的生理负担,并为缓解压力提供科学依据。

为了更加系统化地理解生理反馈在疲劳监测中的作用,可以将上述生理指标纳入到综合性监测模型中。该模型不仅可以量化各项生理指标的独立变化,还能通过多维度数据分析,探索不同生理系统在应激和疲劳状态下的相互影响。将心率变异性、皮肤电反应、皮质醇水平和肌电图等指标综合分析,有助于揭示个体在特定工作任务或运动过程中所经历的全面生理负荷。随着监测技术的不断进步,便携式传感器和移动设备的应用为生理反馈监测提供了更加便捷的途径。利用这些先进的技术,从业者可以在日常生活和工作环境中,对个体的生理状态进行长期跟踪,获取实时数据。这些技术不仅有助于了解疲劳状态的动态变化,还可以为早期干预提供科学依据,防止长期疲劳对健康造成的损害。

通过生理反馈监测的结果,个体的疲劳状态能够得到更加客观和全面的评估,进而制定相应的干预措施。在高强度工作环境中,管理者可以利用实时的生理反馈数据,制定合理的休息时间安排,以降低员工的疲劳累积。对于运动员而言,生理反馈监测可以帮助教练团队精确评估训练的效果和风险,从而优化训练计划,减少运动员过度训练的风险。在临床治疗中,生理反馈的监测同样被广泛应用于康复治疗和慢性疲劳综合征的管理,通过对生理指标的长期追踪,医生可以调整治疗方案,提高患者的生活质量。

二、疲劳状态的生理指标评价

疲劳状态的生理指标涵盖了心血管系统、呼吸系统、神经系统、肌肉活动及内分泌系统等多个生理领域,能够提供个体在长时间体力或脑力活动后的生理负荷反馈。这些指标不仅有助于评估个体的即时疲劳状态,也为科学制定疲劳管理策略提供了客观依据。在体育运动中,精确的生理指标监测可以帮助教练和运动员及时调整训练负荷和恢复策略,以提高运动表现和减少运动损伤。

(一)心血管系统的生理指标

心率(HR)和血压(BP)是评估疲劳状态的核心心血管生理指标。在运动过程中,运动员随着运动强度的增加,心率和血压会显著升高,反映了交感神经系统的激活。当运动员进入疲劳状态时,心率通常会持续上升,尤其是在长时间高强度训练或比赛后。这一现象表明运动员的心脏需要增加输出频率,以维持供氧和清除代谢产物,导致血压上升,特别是收缩压的变化。对运动员心率和血压进行动态监测,能够揭示其心血管调节能力,避免过度疲劳对心血管健康的负面影响。

(二)呼吸系统的生理指标

呼吸频率(BR)是反映呼吸系统负担的重要指标。在进行高强度运动时,运动员的氧气需求增加,呼吸频率往往会加快。疲劳状态下,过快的呼吸频率可能意味着呼吸系统的工作效率下降,个体无法及时通过正常的呼吸机制获取足够的氧气,从而导致乳酸堆积,进一步加重疲劳感。在运动员的训练过程中,监测呼吸频率的变化不仅有助于了解运动员的生理适应情况,还能为调整训练强度和恢复时间提供重要依据。通过合理调整呼吸模式,运动员能够提高运动效率,延缓疲劳的出现。

(三)肌肉活动与神经系统的生理指标

肌电图(EMG)和神经反应时间是评估运动员肌肉疲劳和神经系统疲劳的重要生理指标。长时间高强度运动会导致肌肉疲劳,表现为肌电图中的信号强度降低,肌肉活动的效率下降。神经系统的疲劳也可通过反应时间的延长和运动技能的退化表现出来。对这些指标的监测可以帮助运动员识别疲劳的早期迹象,从而在训练或比赛中采取有效的恢复措施,减少运动伤害风险。

(四)多维度生理指标的综合分析

将心率、血压、呼吸频率、肌电图、皮肤电反应、眼动指标和脑电图等生理指标进行综合分析,能够为个体提供更加全面的疲劳状态评估。这种多维度的分析在体育运动中尤其重要,因为运动员在高强度训练和比赛中,多个生理系统可能同时承受较大压力。通过对这些指标的实时监测,教练和运动员能够准确了解运动员的疲劳状况,并根据反馈调整训练计划或比赛策略。例如,通过监测心率和呼吸频率,教练可以判断运动员是否进入过度疲劳状态,从而调整训练强度或增加恢复时间,以避免运动员因疲劳过度而遭遇伤病。

(五)生理指标在高风险职业与体育运动中的应用

在高风险职业(如长途驾驶员、空中交通管制员、重体力劳动者)及体育运动(如职业运动员、高水平运动队)领域,基于生理指标的疲劳监测系统能够有效减少疲劳相关事故的发生,提升工作或运动表现。在体育领域,尤其是在长时间高强度的训练和比赛中,疲劳状态的监测对于运动员的健康至关重要。实时监测运动员的生理指标,能够在其疲劳达到临界点之前进行干预,从而避免过度疲劳引发的运动损伤和健康问题。

(六)大数据与疲劳管理的未来发展

随着技术的发展,便携式设备和传感器技术的普及,使得生理指标监测变得更加精确和便捷。可穿戴设备可以实时监测心率、呼吸频率、皮肤电活动等指标,并结合运动员的活动水平、训练负荷、睡眠质量等数据,提供个性化的健康管理方案。这不仅有助于运动员和工作人员实时了解自身的生理状态,还能通过大数据分析,识别长期疲劳的早期信号,为运动员的恢复和疲劳管理提供科学依据。对于高水平体育运动员,基于生理数据的反馈能够优化训练和比赛策略,提高运动表现,减少运动损伤,并延长运动员的职业生涯。

三、实时监测技术的评价

监测技术的实时性分析主要涉及生理数据的捕获效率与及时性。生理监测设备的实时性直接影响数据的有效性与实用性,尤其是在疲劳状态的监测与管理中。便携式心率监测器、连续血糖监测器及实时脑电波分析设备等实时监测技术,能够提供即时反馈和数据支持,帮助用户依据生理反应做出快速调整。

在分析监测设备的实时性时,响应时间是一个关键指标,它指的是设备从接收到生理信号到显示结果所需的时间。对于运动员而言,心率变化的快速反馈是评估运动强度与疲劳程度的基础。理想的心率监测器应具备几秒钟内的响应时间,以便运动员能够及时了解身体状态,并据此调整训练计划。如果监测器响应时间过长,可能导致运动员错过最佳调整时机,影响训练效果。

实时分析评价指标包括:

1. 响应时间:指监测设备从信号采集到数据反馈的时长,理想情况下应为几秒钟。

2. 数据准确性:实时监测的准确性决定了数据的可靠性,设备应能提供高精度的数据,以确保用户做出基于事实的决策。

3. 数据传输延时:无线数据传输的延迟时间也是评价实时性的重要指标,较低的延迟能够提升用户体验,特别是在运动员训练或患者治疗过程中。

4. 数据连续性:设备需能够提供无间断的数据流,避免数据丢失或中断,从而确保持续有效的监测。

5. 用户反馈及时性:设备能够在异常状态下迅速反馈,例如,心率异常时及时警报,确保用户能够在最佳时机作出应对。

许多现代监测设备通过蓝牙或 Wi-Fi 等无线方式将数据传输至智能手机或计算机,这种数据快速传输不仅提升了实时性,还优化了用户体验。例如,实时心率监测器通过与手机应用程序的连接,能够即时反馈心率数据,帮助运动员或教练评估运动表现。一些应用程序能够在心率超出设定范围时发出警报,提醒用户及时采取必要措施,保障训练安全。

用户界面的直观性对实时监测的有效性至关重要。设备设计应考虑用户的使用习惯,确保信息展示简洁明了,便于快速解读。实时监测的仪表盘应清晰显示心率、步数、卡路里等关键指标,并通过颜色或图形突出异常状态,帮助用户快速识别身体变化。此外,界面应具备高响应能力,确保在各种使用场景下均能顺畅运行,使用户能够随时获取所需信息。

实时反馈是监测技术的核心功能之一,能够帮助用户及时应对生理变化。例如,连续血糖监测器能够实时跟踪糖尿病患者的血糖水平,通过皮下传感器每几分钟将数据传送至智能设备。这种实时监测使患者能够及时发现血糖波动,并迅速调整饮食或胰岛素剂量,从而避免高血糖或低血糖引发的健康风险,提升患者生活质量,并减少因血糖控制不当导致的并发症。

同样,实时脑电波分析设备在监测疲劳与认知状态方面表现出色。通过电极实时捕捉大脑活动,提供脑波模式的反馈。脑电波频谱分析(如 α 波、β 波、θ 波等)能够反映个体的警觉性与疲劳程度。随着疲劳的增加,α 波的活动通常增强,而 β 波的活动则可能减弱。实时脑电波监测设备为用户提供疲劳状态的即时反馈,帮助其在工作或学习过程中及时调整,改善表现。

四、监测技术的准确性验证

监测技术的准确性验证是确保生理数据可靠性和有效性的核心环节,所收集的数据需要与已有的临床标准或参考方法进行系统的比较,以评估监测设备的性能。监测技术不仅包括对设备技术规格的分析,还涵盖了实验室测试、现场测试及长期稳定性评估等多个维度。验证过程确保了监测技术在实际应用中的有效性,尤其是在疲劳管理和健康监测等领域。准确性验证通常涉及对监测设备技术规格的详细分析。制造商在发布产品时,通常会提供关于设备性能的详细数据,包括测量范围、分辨率、准确度及偏差等指标,构成了设备能否在实际应用中产生可靠数据的基础。在选择监测设备时,应仔细审查技术规格,以判断其是否符合实际需求。

现场测试则是在真实环境下对监测技术进行验证,通常在运动员、患者或其他目标人群中进行,以评估设备在实际使用中的表现。在现场测试中,监测设备的数据与临床标准或其他常用的测量工具进行比较,以判断其准确性。此类测试有助于识别在特定条件下(如高温、高湿或极端运动状态下)设备性能的变化。在运动员训练中,心率监测器可能会受到运动强度和运动类型的影响,因此在不同场景下的测试能够更全面地反映其性能。长期稳定性评估需要对设备在长时间使用中的表现进行监测,确保其在不同时间段内提供稳定的数据输出。连续血糖监测器在日常使用中,需定期对比其读数与实验室检测结果,确保设备在长期使用中仍然保持高水平的准确性。这样不仅可以发现设备潜在的性能衰退,还能为用户提供必要的维护建议,以延长设备的使用寿命。

准确性验证的结果对疲劳管理的有效性具有深远影响。疲劳状态的评估往往依赖于监测技术提供的生理数据,如心率、皮肤电活动和脑电波等。若监测技术存在准确性问题,则会导致对个体疲劳状态的错误判断,进而影响疲劳管理策略的实施。若心率监测器的读数偏高,可能误导运动员认为其处于疲劳状态,从而过早地中止训练或调整训练计划,影响其整体训练效果。相反,若设备显示正常,但个体实际上处于疲劳状态,可能导致延误必要的恢复措施,增加受伤风险。在实践中,准确性验证不仅是监测技术开发和应用的必经环节,也是保证用户信任的重要因素。随着人们对健康和运动表现管理的关注度提高,消费者对监测技术的准确性要求也日益增强,制造商在推广设备时,需要展示其产品经过充分验证的性能,以增强用户对产品的信心。使用者在选择监测设备时,也应关注其准确性验证的相关数据,确保所选设备适合其特定需求。

五、监测技术在疲劳管理中的应用

随着运动训练科学的发展,现代监测技术在疲劳管理中的应用逐渐成为提高运动表现、预防运动损伤和优化训练负荷的重要手段。通过各类数据监测技术,教练和运动员能够更加精准地了解疲劳的积累与恢复状态,从而在疲劳管理过程中制定个性化策略。监测技术的核心在于全面捕捉生理、心理和行为数据,以动态追踪疲劳变化并提供实时反馈,使训练计划的调整更加科学高效。

(一)可穿戴设备的应用

可穿戴设备,如智能手表、心率监测带和GPS追踪器,成为疲劳管理的重要工具。这类设备通过采集心率变异性(HRV)、呼吸频率、运动量、步频等指标,帮助教练分析运动员的身体负荷与疲劳状态。心率变异性监测反映了自主神经系统的活动水平,HRV降低表明副交感神经系统活动减弱,疲劳程度增加,而HRV的恢复则代表身体状态逐渐好转。因此,HRV监测可用于判断运动员是否需要降低训练强度或延长恢复期,以避免疲劳过度积累。GPS与加速度计等设备能记录运动员在训练中的跑动距离、速度、加速和减速次数,并分析这些数据来判断运动负荷与疲劳程度。例如,足球运动员如果在连续多场比赛后其跑动数据出现显著下降,可能反映出疲劳积累,需要额外的休息和恢复时间。可穿戴设备还在睡眠监测方面表现突出,通过捕捉睡眠时间和深睡比例,帮助教练评估运动员的睡眠质量与疲劳恢复状况。研究表明,睡眠质量对身体恢复和心理状态的影响密不可分,监测睡眠数据能及时发现睡眠不足或失调的迹象,并采取适当的干预措施,如调整训练时间或安排放松训练,以提高运动员的整体恢复效率。

(二)主观感知与数据集成监测系统

虽然技术设备在疲劳管理中提供了大量客观数据,但运动员的主观感知同样不可忽视。为了更全面地掌握疲劳状态,主观感知与客观数据的结合成为新的监测趋势。主观疲劳评估问卷是常用的方法之一,教练可以结合可穿戴设备采集的数据,采用简单易行的每日问卷,如训练后感知疲劳量表(RPE)。运动员根据自身感受对疲劳状态进行评分,RPE数据与心率、运动负荷等客观指标的匹配程度能进一步验证数据的可靠性,确保评估的全面性和精准性。此外,现代训练机构逐渐采用集成监测平台,将HRV、GPS、睡眠监测与主观疲劳评估数据汇总进行分析,系统性地呈现运动员的整体状态。通过这些平台,教练能够根据不同维度的数据变化进行动态调整。例如,当平台数据显示运动员的HRV持续下降且主观疲劳评分偏高时,教练可以即刻安排减负训练、增加休息日或进行心理调适,以防止疲劳的进一步积累。

（三）视频分析与技术动作监测

视频分析技术广泛应用于高水平运动队的技术动作监测，通过捕捉运动员在训练和比赛中的表现，帮助识别疲劳对运动技术的影响。疲劳状态下，运动员的动作质量、反应速度和决策能力往往出现下降，这不仅削弱了其竞技水平，还增加了受伤的风险。动作稳定性与疲劳的分析及视频系统结合生物力学监测，能够捕捉运动员在疲劳状态下的技术细微变化。例如，在篮球比赛中，运动员可能因疲劳导致跳跃动作失准或投篮精度下降，教练可以基于视频反馈及时调整技术要点或安排专项体能训练，预防动作错误的固化与受伤隐患。此外，一些平台配备技术动作评分系统，根据视频捕捉的数据为运动员的动作表现进行量化评分，并提供详细的错误分析报告。这样的评分系统不仅能预警疲劳积累对技术动作的潜在影响，还能帮助教练在日常训练中优化动作细节，提高运动员的技术稳定性。基于视频的监测方式使教练能够直观了解疲劳对技术表现的冲击，从而在训练计划中更有针对性地调整强度和内容，以确保运动员在高强度比赛中始终保持最佳状态并降低受伤风险。

（四）心理状态与情绪监测

疲劳不仅体现在身体层面，还可能引发心理状态的变化，如情绪低落、专注力下降和动机减弱。监测运动员的心理状态能够帮助教练及时发现心理疲劳的迹象，从而灵活调整训练节奏并采取适当的心理干预措施。心理状态问卷与情绪追踪是常用的方法，教练可以定期使用如情绪状态量表（POMS）等工具追踪运动员的情绪变化情况。研究表明，疲劳常伴随一系列负面情绪，如沮丧、焦虑、愤怒和无助感等，通过对这些情绪波动的监测，教练能及早识别心理疲劳的潜在风险，并预防其对训练效果和竞技表现的不良影响。同时，压力监测与恢复干预也至关重要，通过对运动员日常心理状态的追踪，教练可以判断其是否存在压力积累，从而制定个性化的恢复计划，如冥想训练、呼吸放松练习或团队心理辅导等。这类心理干预措施不仅能缓解疲劳对情绪的负面影响，还能提升运动员的自我调节能力和抗压能力，帮助其在高强度比赛和训练期间保持积极的心理状态与稳定的表现。

（五）生物标志物检测的辅助监测

除了可穿戴设备和主观量表，一些运动队开始引入生物标志物检测，以辅助疲劳管理，从生理层面更精准地评估运动员的状态。这类检测主要涉及唾液、尿液和血液中的生物学指标，用于反映身体的应激反应和恢复水平。皮质醇水平与免疫指标是常见的监测对象，唾液中的皮质醇水平能够直接反映运动员的应激状态。长期高水平的皮质醇通常表明运动员处于压力过载或恢复不良的状态，增加了疲劳积累的风险。此外，免疫指标如免疫球蛋白 A（IgA）的变化也具有重要参考价值,当 IgA 水平下降时,表明运动员的免疫系统可能因疲劳而受损,身体面临更高的感染风险,需要及时调整训练安排。乳酸水平检测则主要用于监测运动员在高强度运动后的恢复情况。剧烈运动会导致血液中的乳酸水平迅速升高,而若乳酸长期滞留或积累过高,则表明运动强度可能超出身体的承受范围,教练可以根据乳酸数据及时降低训练强度或延长恢复时间,避免过度疲劳。通过生物标志物的监测,教练能在客观生理指标的支持下制定更科学的训练方案,并将其与其他监测数据如 HRV、主观感知结合,全面掌握运动员的身体与心理状态,为疲劳管理提供更加精准和多维度的支持。

(六)人工智能与预测性分析

随着人工智能技术的兴起,疲劳管理逐渐进入数据驱动的预测分析阶段。AI 技术通过分析大量历史数据,能够识别出运动员的疲劳趋势,帮助教练提前制定应对策略,从而优化训练与恢复。个性化疲劳预测模型是这一技术的核心应用之一,这些 AI 模型通过学习运动员的历史训练数据、比赛表现及主观疲劳反馈,建立了个性化的疲劳预测系统。例如,该模型能够根据运动员的心率变异性(HRV)变化来预测疲劳高峰,并提前规划相应的恢复时间,从而确保运动员在关键比赛或训练期达到最佳状态。此外,智能训练负荷管理是 AI 在疲劳管理中另一项重要功能,这种系统能够实时监测运动员的身体状态,并根据实时数据自动调整训练负荷。当系统检测到运动员处于疲劳状态时,可以自动降低运动量或调整训练强度,以最大限度减少受伤风险和疲劳积累。

第四节　数据融合与心理疲劳的综合评价

一、数据融合的多源信息整合

在当今运动科学与体育训练的背景下,数据融合技术越来越受到重视,尤其在心理疲劳的综合评价方面,对多源信息的整合能够更全面、准确地理解运动员的疲劳状态。数据融合的核心在于将来自不同来源的数据进行有效整合,从而提供一个全景式的运动员状态评估。该过程不仅仅依赖单一的数据源,而是将生理数据、心理评估、行为表现和外部环境因素结合起来,形成一个多维度的评估体系。生理数据包括心率变异性、乳酸水平、皮质醇等生物标志物,这些指标能够反映运动员的生理负担和恢复能力。此外,心理评估数据如主观疲劳量表和情绪状态量表,可以揭示运动员在心理层面的疲劳状态。行为表现数据则通过任务表现测量和反应时评估等方法,提供关于运动员注意力、反应速度及决策能力等方面的信息。

通过多源信息整合,教练能够获取运动员的全面状态图谱。举例来说,当生理指标(如HRV降低和乳酸水平升高)与心理评估(如主观疲劳评分上升)相结合时,教练可以更明确地判断出运动员是否处于疲劳状态。单一指标可能会受到许多因素的影响,然而综合多种指标能够显著提高判断的准确性。此外,外部环境因素如训练负荷、气候条件、休息时间等也应纳入考虑。这些因素往往对运动员的心理状态产生直接影响,因此将其整合进数据融合模型中,可以增强对运动员疲劳状态的预测和理解。在实施数据融合的过程中,首先需要设计有效的数据收集方案,确保从不同渠道获得的数据的准确性和一致性。例如,利用可穿戴设备持续监测运动员的生理指标,同时通过定期的心理评估问卷收集心理状态数据。接着,采用适当的数据分析方法,如机器学习算法和统计模型,对收集的数据进行整合与分析。通过建立预测模型,教练能够实时监测运动员的心理疲劳状况,并据此调整训练计划。

此外,数据融合还涉及数据可视化的技术。通过图表、仪表盘等形式将复杂的数据呈现出来,教练可以直观地理解运动员的状态变化。有效的数据可视化能够帮助教练快速识别潜在问题,并做出相应调整。例如,若可视化显示运动员的生理指标持续下降,而心理评估结果却未见显著变化,这可能表明运动员在隐性疲劳状态中,需要进行进一步的关注与干预。

综上所述,数据融合的多源信息整合在心理疲劳的综合评价中具有重要意义。将生理、心理及外部环境数据进行整合,不仅提升了对运动员状态的评估准确性和全面性,还能够为教练提供科学决策的依据,从而有效提高运动员的训练效率与竞技表现。未来,随着数据技术的不断进步和更多相关数据的收集,心理疲劳的评价将更加精准,为运动员的健康与表现提供更加可靠的保障。

二、综合评价的模型构建

心理疲劳研究中的综合评价模型旨在开发一种整合多源数据的工具,以全面评估个体的心理疲劳状态。模型的设计与实现不仅需要基于科学的理论框架,还需具备强大的数据处理与分析能力,以提供准确且具有实践意义的疲劳评分或状态描述。其构建过程包括确定评价指标、选择数据融合算法、设计评价流程及验证模型的有效性。

首先,评价指标的确定是模型构建的基础。评价需综合反映心理疲劳的多维特征,包括疲劳程度、恢复能力、健康风险及工作效率等方面。疲劳程度可通过生理指标(如心率变异性、皮肤电反应)与自我报告量表(如疲劳评分问卷)的结合来评估;恢复能力则反映在睡眠质量、休息时间及心理健康状态等方面;健康风险涉及内分泌激素水平等疲劳相关的生理反应;工作效率可以通过反应时间和错误率等行为数据进行量化。这些多维指标为全面捕捉个体心理疲劳特征并进行后续分析奠定了基础。

其次,在数据融合算法的选择上,需要考虑数据类型的多样性及模型的预期用途。常见方法包括统计方法(如主成分分析和回归分析)及机器学习与人工智能技术。统计方法适用于减少数据维度、提取关键特征;随着数据复杂性增加,监督学习、无监督学习及深度学习等人工智能模型逐渐成为优选方案,能够从大规模数据中提取复杂模式并进行预测。根据数据特性、数量和处理目标选择合适算法,可提高模型的准确性与适应性。

最后,评价流程的设计和模型的验证是模型构建的关键步骤。评价流程通常包括数据采集、处理、分析和结果反馈四个阶段。数据采集需确保多源数据的质量和一致性;处理则需要进行清洗与标准化以消除噪声和异常值;在分析阶段,选用合适的融合算法对数据进行整合,并生成综合评分或状态描述;结果反馈则以直观形式呈现,便于用户理解和应用。模型的有效性通过交叉验证、训练集与测试集划分等方法进行评估,同时结合实际应用测试进一步验证其可靠性和适用性。经过充分验证的模型,能够为心理疲劳评估与管理提供科学支持。

综合评价模型的构建不仅促进了心理疲劳的学术研究,也在实际应用中展现了重要价值。例如,运动员、员工或患者通过模型评估心理疲劳状态后,管理者可据此优化任务分配、训练计划或工作环境,从而提升个体表现与幸福感。未来,随着大数据、云计算及物联网技术的发展,模型将趋于智能化和个性化,实现实时数据处理与反馈,进一步推动心理疲劳研究的深化。

三、数据融合的算法优化

数据融合算法的优化旨在提升其性能,确保评估结果的准确性和效率。这一过程包括对现有算法的改进,以及针对不同数据源和复杂数据结构的智能化处理。优化的目标是加快数据处理速度、减少错误率,并增强模型的泛化能力,以适应多样化的实际应用场景。具体方法涵盖参数调整、先进技术引入和新算法设计等多个方面。

调整算法参数是优化性能的关键途径之一。在机器学习模型中,学习率、正则化参数和树的深度等超参数对模型表现具有显著影响。网格搜索、随机搜索和交叉验证技术可以在参数空间中有效探索,找到最优参数组合,从而提高模型的预测能力和稳定性。遗传算法是一种模拟自然选择的优化技术,通过选择、交叉和变异操作,可以进一步优化模型参数或进行特征选择,提升算法的效率和适用性。

在大规模数据集处理方面,引入先进的数据处理技术能够显著提高算法性能。例如,并行计算和分布式处理框架(如 Apache Spark 和 Hadoop)能够加速数据分析过程,优化数据预处理步骤则有助于减少计算复杂度。降维技术如主成分分析(PCA)和 t-SNE 可以去除冗余信息,降低计算负担,同时提升模型的响应速度和适应性。这些技术的结合为模型在实际应用中提供了更高的效率支持。

深度学习技术的发展为数据融合带来了全新的可能性。例如,卷积神经网络(CNN)在处理图像数据方面表现突出,可提取高维特征;递归神经网络(RNN)适合时间序列数据的分析,如生理信号和行为数据。在心理疲劳评估中,结合多种深度学习模型,可以有效处理复杂数据模式,实现精准评估。此外,模型集成技术通过加权平均或投票等方法,将不同模型的优势结合起来,有效减少单一模型带来的偏差,显著提高整体预测性能。

随着人工智能和大数据技术的发展,实时数据处理成为算法优化的重要方向。通过流处理框架(如 Apache Flink),模型可以高效处理实时数据流,并快速反馈用户状态,便于动态调整训练计划或工作安排。这种实时评估能力在心理疲劳研究中尤为重要,为个体健康管理提供了更加灵活和精准的支持。

算法优化的过程需结合标准测试数据集进行严格验证,评估其在不同应用场景下的适应性和稳定性。通过与实际应用反馈相结合,形成闭环优化机制,可不断改进算法性能,实现持续迭代发展。最终,这种优化流程能够构建出既能精准评估心理疲劳,又能高效处理多样化数据的综合评估系统,为心理健康研究和实际应用提供了坚实的技术基础。

通过分阶段的优化设计与验证,数据融合算法将更好地满足学术研究和实际应用的需求,同时推动心理疲劳研究向智能化、个性化方向发展。

四、综合评价的决策支持

数据融合在疲劳评估中的应用旨在整合多种数据来源和技术,为心理疲劳状态提供全面、准确的评估。这一技术不仅适用于实验室研究的受控环境,还延伸到实际工作场所和个人健康监测,展现了其在多种情境下的适用性和实用价值。

在实验室环境中,数据融合技术被用来评估实验参与者的心理疲劳状态,探索疲劳对认知和行为表现的具体影响。结合生理测量(如心率变异性、脑电波活动等)与自我报告问卷,能够获得更全面的疲劳评估。综合分析有助于揭示不同类型的疲劳如何影响个体的注意力、反应时间和决策能力,从而为心理疲劳的研究提供深入的理论支持。

在工作环境中,雇主利用数据融合技术可以实时监测员工的疲劳水平,有效预防职业倦怠的发生。通过结合生理数据(如心率、皮肤电反应等)与行为数据(如工作绩效、错误率等),企业可以获得员工工作状态的即时反馈,帮助管理层识别高风险员工,并采取适当的干预措施。例如,当系统检测到某员工的生理指标出现疲劳迹象时,管理者可及时调整工作任务或提供额外休息时间,从而改善员工的工作效率和心理健康。此外,数据融合技术还可帮助评估工作环境对员工疲劳的影响,提供关于工作条件、工作时间与员工疲劳水平之间关系的科学依据,以优化工作流程和设计。

在个人健康监测方面,数据融合技术的应用更为广泛,个体可通过可穿戴设备和移动应用追踪自身的疲劳状态。通过综合分析生理数据(如心率、睡眠质量等)、行为数据(如活动量、社交互动等)和自我报告(如情绪状态、疲劳程度等),进行全面评估。个体可以实时了解健康状况,并根据反馈调整生活习惯。例如,当可穿戴设备提示活动量较低且伴随睡眠质量差时,个体可以通过增加运动或调整作息时间来改善疲劳状态。基于数据融合的个体健康管理方法增强了人们对自身健康的关注,推动了更加积极的生活方式。

数据融合还体现在长期追踪和趋势分析中。通过定期收集和分析个体的生理与行为数据,研究者和健康管理专家可以识别疲劳状态的变化趋势,提供更具针对性的健康建议。利用长期追踪数据,个体和专业人员可以分析疲劳的季节性变化、工作周期对疲劳水平的影响等,从而制定更加科学的健康管理计划。这种方法不仅增强了对个体疲劳状态的理解,也为个性化干预措施的制定提供了重要依据。

在研究层面,数据融合的应用为心理疲劳领域带来了新的研究方法和视角。通过结合不同学科的研究成果,数据融合技术帮助研究者深入探讨疲劳的生理机制和心理影响。多学科交叉的研究模式促进了理论的发展,为实际应用提供了坚实的基础。

随着技术的不断进步,数据融合在疲劳评估中的应用前景广阔。未来,结合人工智能、机器学习等先进技术,数据融合将变得更加智能化,能够更精准地分析和预测个体的疲劳状态。智能化的监测与评估方式不仅提高了数据处理效率,还能为个体和组织提供更加个性化的反馈与建议,推动心理健康管理向更高水平发展。

第六章　运动性心理疲劳的影响机制

第一节　任务特征与心理负荷的关系模式

一、任务难度与心理负荷的关联

随着任务复杂度的提高,个体需要调动更多认知资源来处理信息、做出决策并控制行动。在认知科学和运动心理学中,心理负荷指的是个体在应对任务时所需调动的认知、情感和行为等多方面的认知资源。任务难度是影响心理负荷的重要因素之一,直接影响了个体所面临的压力水平和身心状态调节能力。

任务难度不仅表现为操作复杂性,还包括信息处理的速度、准确性及对环境变化的敏锐感知。在运动实践中,任务难度的增加通常伴随环境干扰、决策时间的压缩和更高的技能要求。复杂的环境加重了个体的信息处理负担,特别是在团队项目中,个体需要同步处理队友和对手的行为,判断局势并采取应对策略,这要求个体具备精确的技能、高度的注意力控制和灵活的反应能力。

在情感层面,任务难度的增加通常引发更强烈的情绪反应,个体可能会感到紧张、焦虑或压迫感,尤其是在比赛或训练过程中。这些情绪波动会显著影响认知功能。复杂任务往往需要在多个目标之间做出权衡,并迅速选择和实施行动。情绪调节能力不足时,认知资源的分配会失衡,进而加重心理负荷。因此,任务难度与情绪调节之间的关系表明,个体在高难度任务中的表现不仅取决于其技能和知识,还与情感反应模式密切相关。

任务难度还与个体的动机和认知评价紧密相连。动机水平高的个体往往能在面对高难度任务时展现更强的抗压能力,有效动员内在资源应对挑战。然而,过高的任务难度可能引发挫败感,特别是当个体未能达到预期目标时,失败体验会进一步增加心理负荷。个体对任务成功的预期及对自身能力的评估直接影响心理反应。当任务难度超出个体能力时,可能导致其感到力不从心,自我效能感下降,进一步削弱应对能力。

在许多团队项目中,个体的心理负荷不仅来自自身的任务执行,还受到团队内部互动和外部压力的影响。高难度任务要求个体在协作中保持高度一致,任何成员的失误可能影响整个团队的表现,这不仅要求增强团队凝聚力,也增加了个体的心理负担。在这种情况下,如何平衡个人表现与团队需求,成为决定心理负荷大小的关键因素。

随着任务难度的增加,个体面临的不确定性也随之上升。在复杂多变的环境中,个体不仅要应对操作上的复杂性,还要处理突发变化和各种干扰。个体的适应性和灵活性成为影响心理负荷的重要变量。能够灵活应对环境变化的个体,通常能更有效地管理认知和情绪资源,从而在高难度任务中表现出色。

从生理角度来看,任务难度的增加对身体机能也有影响。高难度任务通常要求个体在短时间内投入大量精力,持续的高强度任务会导致心理和生理资源的同步消耗。生理压力与心理负荷的相互作用,可能导致个体出现疲劳、注意力涣散等现象,尤其是在长时间或重复性任务中,心理负荷的累积效应更为显著,进而影响整体表现。

二、任务复杂性与心理负荷的互动

任务复杂性与心理负荷之间存在多层次、多维度的互动。当任务复杂度增加时,个体需要调动更多认知资源来处理信息、做出决策并执行行为。任务复杂性通常表现为环境的动态变化、任务目标的多样性和执行条件的不确定性。尤其在运动场景中,复杂任务要求个体在短时间内应对多种变化因素,并快速适应不同情境。任务复杂性的增加不仅挑战认知能力,还显著影响情感调节和行为控制,最终加重心理负荷。

在信息处理方面,任务复杂性体现在多样化和数量庞大的信息处理需求上。个体需要处理来自不同感官的信息,如视觉、听觉和触觉,这些信息往往是相互关联并可能相互干扰的。认知心理学研究表明,当个体同时处理多种任务时,认知负荷呈指数级增长,因为需要同时关注不同的信息维度,并在有限时间内进行权衡和决策。

任务复杂性往往伴随决策难度的提高,特别是在面对多种可能的行为方案时,个体需要迅速做出选择。任务的多样性、变化性和信息的模糊性使得决策过程充满不确定性。个体必须在有限的认知资源下,迅速评估并选择最优方案,这要求高度的灵活性、适应性和应变能力。在运动领域,特别是对抗性项目中,战术变化、对手行为的不确定性及外部环境的干扰都使得决策更加复杂,从而增加运动员的心理负荷。

任务复杂性与个体的心理状态密切相关。在高复杂度任务中,个体常常会体验到较高的情绪压力,尤其是在面对外部不确定性和内部资源有限的情况下,焦虑、紧张等负面情绪可能会影响认知表现。当任务复杂性超过个体的应对能力时,认知资源分配失衡可能导致情绪调节能力下降,从而加剧心理负荷。运动心理学研究表明,在复杂情境下,情绪压力与认知负荷之间存在显著的互动关系,情绪压力会削弱个体的专注力和决策能力,进一步加重心理负荷。

在复杂任务环境中,个体注意力分配与切换能力也受到极大挑战。个体需要同时关注多个任务或目标,这对注意力资源的分配提出了更高要求。任务复杂度提高时,注意力负荷增加会导致个体表现下降,尤其是任务需要频繁切换时,注意力的分散会大幅增加心理负荷。因此,训练个体的注意力控制和分配能力,尤其是在复杂任务中的注意力保持与转移,成为减轻心理负荷的重要策略。

任务复杂性不仅涉及认知资源的分配和情绪调节,还与个体的生理反应密切相关。在高复杂度任务中,生理反应如心率加快、呼吸急促和肌肉紧张,通常与心理负荷的增加同步发生。生理与心理的双重压力使得个体在复杂任务中的表现更加脆弱。运动生理学研究表明,任务复杂性越高,个体的生理资源消耗越大。尤其在长时间高强度的任务中,生理和心理负荷的叠加效应更为显著,表现为疲劳感、注意力涣散和反应速度减慢等,均为心理负荷增加的外在表现。

因此,如何在复杂任务情境中有效管理生理与心理的双重负荷,是提高个体表现的关键。适应性的培养是减轻心理负荷的有效途径。通过特定的认知训练,个体可以提高对复杂情境的应对能力。认知训练的一个目标是增强个体的工作记忆容量,提升其在复杂环境中的信息处理能力。模拟训练和任务场景的多样化设计有助于提高个体的适应性。在运动领域,反复模拟高复杂性情境的比赛训练,可以帮助运动员逐步提高对复杂战术环境的应对能力,进而降低心理负荷。

三、任务持续性与心理负荷的累积

任务持续性与心理负荷的累积是一个复杂的过程,涉及认知资源的逐渐消耗和个体应对能力的变化。在长期任务中,心理负荷不仅取决于任务的初始难度和复杂性,还与任务持续时间密切相关。随着任务执行时间的延长,个体的认知资源逐渐耗尽,情绪和生理上的疲劳感不断增加,从而导致心理负荷的累积。

在任务持续过程中,认知资源的消耗是逐步发生的。长期任务通常要求个体保持持续的专注与警觉,特别是在高度集中的信息处理情境中,认知资源消耗更为迅速。随着时间推移,个体的注意力逐渐下降,难以长时间保持高效状态,导致注意力涣散、反应速度减慢,进而增加后期的心理负荷。

心理负荷的累积不仅表现为认知资源的耗尽,还体现在情绪波动和情感调节的失效。长时间执行任务会使个体因疲劳和压力产生负面情绪,如焦虑、紧张或沮丧等,进而干扰认知功能,尤其在高强度任务中,负面情绪会加剧心理负荷,削弱情感调节能力。情感调节失效不仅影响任务表现,还会增加心理压力,形成恶性循环。

任务持续性也会对个体的生理状态产生影响,生理负荷的增加进一步加重心理负荷。长时间执行任务要求个体持续输出体力和精力,随着体能逐渐耗尽,生理疲劳与心理负荷之间相互交织。特别是在高强度运动项目中,运动员的生理负荷和心理负荷几乎同步增加,生理疲劳进一步削弱认知功能,使得心理负荷在任务后期达到难以承受的程度。

为了应对任务持续性带来的心理负荷累积,间歇性任务设计被认为是一种有效的策略。通过设置短暂的休息间隔,个体可以在一定程度上恢复认知资源,维持较高的注意力水平。间歇训练在运动训练中被广泛应用,通过合理安排休息,运动员不仅能提高身体耐受力,还能有效分配认知资源,避免持续任务引发的认知资源枯竭。

此外,任务过程中科学的能量补充和水分补给对减轻心理负荷至关重要。营养补给为身体提供足够的能量支持,而水分补充则帮助维持体液平衡,避免因脱水而增加生理负荷。通过这些生理调节手段,个体可以在长时间任务中维持良好的身体状态,从而减轻生理疲劳带来的心理压力。

心理调节技术,如深呼吸、冥想等,也能有效应对任务带来的心理负荷累积。这些技术帮助个体保持情绪稳定,避免负面情绪的积累,减少长期任务中的情绪波动对心理负荷的影响。在高压环境下,心理调节不仅缓解短期负担,还能有效延缓心理负荷的累积。

任务持续性对心理负荷的影响不仅体现在个体层面,还涉及团队合作中的集体心理负荷。在团队任务中,持续的高要求协作对团队成员的认知资源提出更高要求。团队成员之间的协作不畅或信息传递不及时可能导致集体心理负荷的累积。合理的任务分配和角色明确性有助于减轻集体心理负荷,提高团队协作效率。

最后,任务持续性与心理负荷累积的关系受到个体差异的影响。个体的心理素质、认知能力和生理耐受力在应对长期任务时起着决定性作用。某些个体具备较强的耐久性和抗压能力,能够在任务过程中保持较高的心理稳定性,而另一些个体可能更易在任务后期产生心理负荷过重的现象。因此,任务的持续时间和强度应根据个体差异进行个性化调整,以确保个体在任务执行中保持良好的心理状态。

四、任务类型与心理负荷的差异

任务类型与心理负荷的差异在于不同任务对认知、情绪和生理资源的需求各不相同。每种任务类型都有其独特的结构和挑战,导致个体在执行过程中承受不同形式的心理负荷。这些差异不仅决定了个体在任务执行中的心理状态,还直接影响其表现的稳定性和效能。

在运动领域,不同的运动项目和训练任务对心理负荷的要求存在显著区别,主要与任务的时间跨度、复杂性和动态变化等因素相关。例如,耐力性任务(如马拉松、长距离游泳或自行车比赛)要求个体在较长时间内保持稳定的生理和心理状态。运动员需要有效管理体能的逐步消耗、战术的执行及心理耐力的维持。在这种情境中,心理耐力不仅包括对持续任务的忍耐力,还涉及情绪的调节能力。随着任务时间的延长,生理和心理的疲劳会同步累积,使心理负荷的增加尤为显著。在耐力运动的后期,运动员不仅需要应对体能的极限挑战,还需保持高度专注和自我控制能力。

相比之下,技巧性项目(如体操、跳水和花样滑冰)对运动员的心理负荷要求则完全不同。这些项目要求运动员在短时间内高效执行复杂的技术动作,通常需要极高的专注力和精确度。在技巧性任务中,心理负荷主要来源于任务的时间紧迫性和技术要求。运动员必须在短时间内完成高难度动作,精细的心理控制和快速的决策能力对任务成功至关重要。高度的压力和认知负荷可能导致运动员的认知资源迅速消耗,尤其是在执行难度较高的动作时,运动员需要在紧张的心理状态下做出精准的判断。

不同任务类型对心理负荷的需求还决定了运动员在应对这些负荷时所采用的策略。耐力性项目中的运动员通常需要培养持续的心理调节能力,通过长期训练适应生理疲劳的累积效应,并学会在疲劳状态下保持心理稳定。耐力性项目的运动员还需要掌握情绪调节技巧,以应对比赛中可能出现的焦虑和疲惫,避免心理负荷的过度累积。反之,技巧性项目中的运动员则更依赖于注意力集中训练和认知控制技巧。由于这些项目要求在短时间内处理复杂信息并做出快速反应,运动员需要通过训练强化认知灵活性和决策能力。注意力集中训练能够帮助运动员在高压情境下避免分心,而认知控制技巧则使得他们能够在瞬间调动足够的认知资源,确保精确执行任务。此外,技巧性项目中的运动员还常采用正念训练和自我暗示等心理调节方法,帮助减轻比赛中的心理压力。通过这些技术,运动员能够在高压环境中保持心理稳定性,并提高任务执行效果。

任务类型对心理负荷的影响不仅限于运动领域,在其他领域的任务执行中也存在类似规律。在团队任务中,不同角色的任务类型可能导致团队成员承受不同的心理负荷。部分成员负责决策和战略规划,需要较强的认知控制能力;其他成员则负责任务的具体执行,要求较高的专注力和行动力。复杂任务环境中的心理负荷分布多样,任务类型之间的相互作用会影响整个团队的表现。因此,理解任务类型与心理负荷的差异不仅有助于优化个体的任务执行,还为团队任务分配提供有价值的参考。

值得注意的是,个体差异在任务执行中的表现也对心理负荷产生重要影响。不同个体在面对相同类型的任务时,所承受的心理负荷因其心理素质、认知能力和情感调节能力的不同而有所差异。例如,某些运动员天生具备较强的心理耐力,能够在长时间任务中保持较好的心理状态;另一些运动员则在面对技巧性任务时表现出更强的专注力和技术执行能力。个体差异使得任务类型与心理负荷的关系更加复杂,因此任务设计应考虑个性化的调整,确保任务能够最大限度地调动个体的潜力。

五、任务要求与心理负荷的适应性

任务要求与心理负荷密切相关,尤其在运动项目中,任务变化对运动员的心理负荷产生多重影响。不同类型的任务,包括技术性要求和战术性需求,会消耗运动员不同程度的认知资源。任务要求的复杂性或强度增加时,运动员需应对更高的认知、情绪和生理负荷,而该负荷的有效管理直接取决于运动员心理调节的适应性。

技术动作要求通常涉及精确性、时效性和一致性,迫使运动员在执行过程中集中大量注意力,尤其在高精度操作的项目中,如体操、跳水或射击。运动员需在极短时间内处理复杂的技术信息,正确判断并及时执行预定动作。高强度的技术要求大幅增加个体的认知负荷,尤其在复杂或不确定的外部环境中。运动员不仅需在压力环境中维持任务执行,还需应对突发变化。长期面对此类任务,个体易出现精神疲劳,甚至导致动作失误或执行偏差,从而影响整体表现。

战术执行要求则更具动态性,依赖运动员对比赛环境和对手行为的实时分析与反应。例如,团队项目中的篮球或足球比赛,相比技术动作的精确性,战术执行更注重灵活性、敏捷性和应变能力。运动员需根据既定战术计划作出反应,并快速应对赛场上可能的变化。战术任务对情绪和心理压力的增加尤为明显,因为运动员不仅要执行技术任务,还需在激烈竞争中控制情绪反应。情绪不稳或决策失误可能导致战术失败,从而加重心理负荷。因此,战术执行中,运动员必须具备强大的情绪调节能力和压力管理技巧,以在高压环境中保持最佳状态。

任务要求与心理负荷的互动决定了运动员在不同情境下的适应能力。适应性是指运动员根据任务需求灵活调整心理和行为的能力。适应性不仅表现为应对不同技术或战术要求的能力,还包括根据变化的外部环境调整应对策略。例如,面对严格的技术要求时,运动员需通过训练提高专注力和精准度;在战术执行中,则需依赖决策和判断能力,以应对瞬息万变的比赛局势。

为有效适应不同任务要求带来的心理负荷,运动员需发展全面的心理技能。除了传统的身体训练,还需通过特定的心理训练提升认知行为能力。认知行为训练帮助运动员提高对任务要求的认知适应性,识别任务中的压力源,并通过积极思维模式应对挑战。通过自我监控技术,运动员可识别认知负荷变化,及时调整行动策略,增强应对突发事件的心理准备,做出冷静合理的反应。

在模拟训练中,运动员可通过接近实际比赛情境的任务执行,预先熟悉可能的战术变化和技术要求。例如,在篮球训练中,教练可设计不同的战术演练,模拟比赛中的快速转换和对抗情境,帮助运动员习惯于处理复杂战术变化。此类训练不仅提升技术执行能力,还帮助运动员在高压情境下保持冷静,降低心理负荷的累积效应。

情景分析是通过回顾比赛或训练中的问题,帮助运动员更好地理解自身的心理反应机制。通过分析自身在任务中的表现,运动员能识别出情绪失控或决策失误的根源,进而通过心理训练避免类似问题的再次发生。情景分析为运动员提供了一个系统化的反思平台,使其能够在未来面对类似任务时,更好地适应不同要求下的心理负荷。

不同任务要求下,心理负荷的分布和表现形式因任务性质、比赛环境及个体差异而异。运动员在执行高要求任务时,面临的心理挑战不仅来自外部环境,也来自内在的心理调节能力和认知水平。因此,在训练和比赛中,运动员需不断磨炼心理适应能力,借助多样化的心理训练方法提升应对能力。通过长期积累的心理调节技能,运动员能够有效减轻任务要求增加带来的心理负荷,保持稳定的竞技状态。

第二节　环境因素与心理疲劳的诱导效应

一、环境压力对心理疲劳的影响

环境压力通常源自外部条件与内在期望之间的差距,例如比赛中的紧张氛围、竞争对手的实力、观众和媒体的关注,以及教练对成绩的高标准要求。运动员必须在这些复杂情境中维持良好的竞技状态和心理平衡。外部压力对认知资源的持续消耗,容易导致心理疲劳的积累。在高强度压力面前,个体往往需大量消耗认知资源以应对复杂情境。竞技体育领域的运动员,不仅要专注于技战术的执行,还需处理外界压力并保持最佳状态。

认知资源是有限的,面对复杂的外部环境,个体需要通过更多的认知投入来处理周围的信息,如应对对手的战术变化、比赛中的突发情况,以及外部预期的压力。持续的认知负荷削弱了专注力和决策能力,最终可能导致心理疲劳。环境压力不仅通过消耗认知资源直接影响心理疲劳,还可能引发情绪波动,进而加重疲劳表现。长期处于高压状态下,个体情绪可能更加不稳定,焦虑和紧张等负面情绪的积累会打乱运动员的心理平衡,难以有效管理情绪,从而加剧心理疲劳。当情绪管理失控时,个体可能表现出疲劳、注意力下降及判断失误等负面效应。

环境压力对认知与情绪管理的双重影响,具有显著的累积性特征。长期暴露于高强度压力中,认知资源的消耗与情绪负担逐渐累积,形成难以迅速缓解的心理疲劳。这不仅会影响运动员的比赛表现,还可能对其长期心理健康造成负面影响,如焦虑症、情绪波动,甚至可能影响运动员的职业生涯。未能有效调节长期的高强度心理负荷,可能导致运动员对比赛产生抗拒、训练疲劳感增加,甚至出现情绪失调或抑郁倾向。

为了有效应对环境压力带来的心理疲劳,运动员可以通过系统的心理训练提升抗压能力。使用认知行为疗法、正念冥想和自我暗示等方法有助于减少对负面信息的过度反应,提高情绪调控能力。运动员还可通过自我监控技术实时评估心理负荷,并及时调整应对策略。在训练和比赛过程中,运动员应学会识别自己在高压环境下的情绪与认知负荷变化,并采取适当的心理调整方法,如深呼吸或注意力转移,减轻心理负担,防止资源过度消耗。

教练团队在训练和比赛中的心理要求应适当控制,避免过度压力积累。适时的心理疏导和支持性沟通能够有效缓解运动员的焦虑,使其在高压环境中保持平稳心态。赛事主办方也应通过合理的赛程安排和对运动员的关怀措施,减少外部环境对运动员心理负荷的加重。例如,在高强度赛季中,合理调节比赛间隔并给予足够的恢复时间,有助于缓解心理疲劳。

心理恢复是应对压力和疲劳的有效方式。赛后,运动员可以通过休息、放松训练及情绪恢复训练帮助大脑恢复平衡。运用正念训练或音乐疗法等心理恢复手段,可以有效缓解精神压力,减少心理负荷的长期积累。此外,优质的睡眠不仅有助于身体恢复,也能有效修复心理损耗,减缓心理疲劳的进一步累积。

二、环境变化对心理疲劳的作用

环境变化对心理疲劳的影响主要体现在外界环境条件的变化对个体生理和心理系统的额外要求。运动员在不同比赛或训练条件下,通常需要进行大量的适应性调整,这些变化不仅限于时间、气候和场地的物理差异,还包括比赛日程、场外干扰及社交环境等多个维度。这些变化常常在不经意间增加个体的心理负荷,使其长期处于消耗状态。环境变化对个体的挑战并非单一维度,而是通过多层次的影响共同加剧心理疲劳。

跨越多个时区的旅行常常扰乱运动员的生物钟,导致生理节律与新环境的昼夜循环不一致。人体的生物钟依赖自然光照和作息规律,当运动员进入不同的时区时,生物钟与新环境不同步,造成睡眠质量下降,甚至引发持续的时差反应。时区错位所带来的生理失调,如睡眠不足、疲劳感加剧、反应迟钝等,会加重心理负担。长期处于不规律的生物节律状态,运动员的注意力和认知功能容易受到削弱,进而加剧心理疲劳,影响整体竞技表现。

气候变化对运动员的心理和身体状态也有直接影响。剧烈的气温变化、湿度差异及空气质量等因素,都会成为运动员适应新环境的难题。极端气候条件,如高温或严寒,会引发身体的应激反应,迫使运动员投入更多认知资源来维持生理稳定。高温环境下,散热和水分流失加剧,生理压力增大,而生理压力反过来影响心理状态,促使疲劳感产生。湿度变化也影响呼吸系统和皮肤感知,干扰运动表现。气候条件的突变不是短时间内能轻易适应的过程,尤其在高强度比赛或训练中,运动员面临双重压力,心理疲劳随之累积。

当运动员进入陌生或不熟悉的比赛场地时,往往需要额外的认知资源来适应场地条件及比赛氛围。比赛场地不仅涉及物理特性(如场地大小、材料、气流等),还包括观众氛围和舆论压力的变化。在陌生场地或可能充满敌意的主场氛围下,运动员的心理压力可能加剧,焦虑感和情绪波动更为明显。在外部干扰下,运动员需要额外的心理调适能力来应对环境的不确定性,并保持竞技状态的稳定性。

环境变化不仅直接影响个体的感知和行为反应,还通过对社会支持系统的影响,间接增加心理疲劳。离开熟悉的训练环境和社交网络时,运动员往往感到孤立和不适,心理疏离感会加剧外界变化带来的压力,进一步增加心理负荷。人类在面对未知环境时,本能地产生不确定感和焦虑感,适应新环境的过程不仅是物理层面的适应,更涉及心理层面的调整。如果运动员在比赛期间无法获得熟悉的支持和反馈,可能会导致情绪不稳定,产生更多心理困惑和疲惫感。

为应对环境变化带来的心理疲劳,运动员及其团队通常需要采取多维度的应对策略。这不仅包括生理上的调整,如通过适应性训练和饮食管理来应对气候变化,还包括心理上的准备与恢复。运动员可以通过逐步适应性训练来适应新的比赛条件,例如提前抵达比赛地以适应时区变化,或通过模拟训练熟悉新的场地条件。心理训练如压力管理、正念冥想和焦点转移等方法,有助于在高压环境下保持冷静与专注,减少外界环境变化带来的心理负荷。

赛后及时的恢复训练,如深度睡眠、放松疗法、按摩和呼吸训练,可以帮助运动员恢复生理和心理平衡。特别是高质量的睡眠,能够调整生物钟,恢复体力和心理功能。与团队成员、教练和心理专家的沟通与支持,也是缓解因环境变化带来的孤独感和不确定感的重要途径。此外,教练团队在制定比赛计划时,应充分考虑环境变化对运动员心理负担的影响,合理安排比赛日程,避免频繁的环境切换,减少不必要的压力。

三、环境适应性与心理疲劳的关系

环境适应性指个体在面对环境变化时,灵活调节生理和心理状态以实现平衡的能力。这不仅涉及外部环境的变化,还包括个体对内部心理需求和外部压力的反应。良好的环境适应性能够有效减少心理负担,防止心理疲劳的积累。在运动领域,环境变化如气候、地理条件、文化差异、比赛规则及场地条件等,都会对运动员的心理状态产生不同程度的影响。通过提升适应性,运动员能够更从容地应对这些变化,保持最佳心理状态,减少疲劳感的产生。

良好的环境适应性首先体现在认知层面。运动员在遇到环境变化时,必须迅速、准确地评估和分析这些变化,需要具备良好的认知灵活性与反应能力。通过提前了解比赛场地的状况、评估当地气候条件及其他外部因素,运动员可以为比赛做好充分准备,减少环境变化对比赛表现的影响。认知适应不仅能有效缓解心理负荷,还能提升运动员的自信心,帮助其更好地应对外部变化,预防不必要的心理疲劳积累。

良好的情绪调节能力对应对环境变化尤为重要。当面临外部环境压力时,运动员可能会产生焦虑、紧张等情绪反应,这些情绪若不加以控制,可能加重心理负担,降低注意力、反应速度,甚至影响决策能力和动作执行精度。具备良好情绪调节能力的运动员,能够通过合理的情绪管理技术(如呼吸控制、正念冥想、自我对话等)缓解负面情绪,保持心理稳定。情绪稳定不仅能降低心理疲劳的风险,还能提高运动员在高压情境下的应对能力,帮助其保持冷静与专注。

行为调整能力也是环境适应性的关键。面对环境变化时,运动员需及时调整行动计划和策略,从而减少心理负担。例如,在遇到气候变化时,运动员可以通过调整训练强度、优化营养摄入或调整作息时间来适应新环境。行为上的灵活性有效帮助运动员减轻外部压力对身体和心理的冲击,防止疲劳感过早积累。具有良好环境适应性的运动员,在比赛时能够迅速识别规则或场地条件的变化,并根据情况调整战术,从而保持竞争力。

环境适应性在心理疲劳防控中的作用还体现在动机调节上。适应性良好的运动员通常能在环境变化中保持较高的动机水平,通过自我激励或调整目标期望,保持积极的比赛态度和高度的竞技动能。动机水平与心理疲劳密切相关,动机的缺失往往会加剧心理疲劳,而良好的适应性能够帮助运动员维持动机,避免心理疲劳的发生。面对不利环境时,运动员可通过设定小目标,逐步提升适应性并维持心理稳定,进而增强抗疲劳能力。这一动机调节过程不仅能帮助运动员在压力下保持高水平表现,还能提升其在长时间比赛或训练中的专注力和积极性。

此外,良好的环境适应性意味着运动员在经历高强度压力或环境变化后,能够迅速进行心理恢复,避免长期心理负荷堆积。通过心理恢复训练(如深度放松、正念训练等),运动员能够快速恢复认知资源,减少疲劳感的持续,从而保持较高的表现水平。心理恢复不仅有助于在短时间内恢复生理与心理平衡,还能有效预防心理疲劳的长期累积。

四、环境优化对心理疲劳的缓解

环境优化不仅涉及物理条件的改善,更是对运动员身心状态的系统支持。通过科学配置训练与恢复环境,并结合个性化调整,运动员可以更有效地管理生理与认知资源,避免过度消耗,从而降低心理疲劳的发生风险。环境优化策略涵盖训练条件、休息保障、时间管理与社交支持等多个维度,形成多层次、全方位的支持体系,有助于维持运动员的心理平衡与竞技状态。

首先,训练环境的质量直接影响运动员的身体负荷与心理压力。合理设计的场地与先进器材不仅减少训练过程中的阻力与干扰,还能提升效率,使运动员专注于技术与战术的提升,避免因设备缺陷或场地不适而产生额外心理负担。高效的训练体验能够增强训练成效,同时减少压力积累,延缓心理疲劳的发生。此外,定期维护与更新训练设施,确保其安全性与舒适性,可有效预防运动损伤,进而减轻由身体创伤引发的焦虑与压力。

其次,优质的休息条件对身心恢复至关重要。充足的休息时间与高质量的睡眠可显著提升恢复效率。科学的睡眠管理,如确保合适的温度、空气流通与安静的睡眠环境,有助于运动员获得深度休息,减轻长期精神负担。对于频繁参赛、跨地域作战的运动员而言,快速适应不同气候和生活节奏尤为关键。通过打造个性化的休息环境,并辅以放松训练与心理调适,可有效促进精力恢复和注意力集中,避免疲劳积累影响竞技表现。

同时,合理的时间管理有助于优化运动员的精力分配,降低心理负荷。在赛季期间,运动员往往面临高密度的训练与比赛任务,不合理的时间安排极易导致压力与疲劳迅速积聚,影响竞技持续性。通过制定个性化的时间规划,在训练中安排合理恢复期、在比赛间隙进行短时心理放松,可有效维持精力水平,增强自我调节能力。此外,平衡训练任务与个人生活同样重要。适度的社交活动与家庭陪伴有助于情绪调节,使运动员在紧张备战之余获得心理缓冲,更好地迎接后续挑战。

社交支持也是环境优化的重要组成部分,对缓解心理疲劳具有深远影响。稳定的社交支持系统能为运动员提供情感归属与安全感,缓解因孤独与压力发的心理负担。无论是来自队友、教练还是亲人,积极的社交互动不仅提升运动员的心理韧性,还可增强其面对挑战时的适应能力。队内良好氛围强化了成员间的信任与凝聚力,彼此支持可转化为精神动力,缓解个体压力。教练给予的明确反馈与积极引导,则有助于运动员明确目标,减少因不确定性引发的无力感与焦虑。

总之,通过训练环境、休息条件、时间管理与社交支持等方面的系统优化,能够有效提升运动员的认知资源调节能力,降低心理疲劳发生率,为其持续保持高水平竞技状态提供坚实保障。

五、环境因素对心理疲劳的综合影响

不同环境条件对运动员的生理和心理状态产生持续作用,通过影响认知资源、情绪调节及身体反应等多个方面,逐步加剧或缓解心理疲劳的程度。环境压力、变化、适应性和优化等因素以独特方式塑造运动员的体验,既有独立影响,又相互交织,最终决定心理疲劳的程度及其应对能力。

在高压环境下，运动员常面临密集的比赛安排、公众和媒体的高度关注及教练团队的严格期望，这要求运动员消耗大量的认知资源来维持专注力和情绪稳定。随着外界期望和比赛要求的不断累积，运动员的心理负荷逐渐增加，长期处于高压状态使得恢复认知和情绪资源变得困难，从而加重心理疲劳。运动员不仅要应对身体疲劳，还需应对不断增加的心理压力。缺乏有效的调适手段和应对策略时，心理疲劳会加速发展，表现为情绪低落、注意力不集中和整体表现下降。

运动员在面对多变的训练和比赛环境时，如时区变化、气候波动和场地不熟悉等，需要迅速进行生理和心理调整。每一次环境转换都意味着一个适应过程，从生物钟的调整、身体机能的适应，到新环境下的专注力重建和对陌生条件的预判与应对。如果运动员的适应能力不足，或连续面对多个环境变化而没有充足恢复时间，心理疲劳的风险会显著增加。气候变化，如温度和湿度的波动，不仅影响身体舒适度，也增加了心理上的感知压力。当认知资源无法满足适应需求时，情绪波动和压力感会逐步累积，进而导致疲劳。

良好的环境适应性能够有效减轻环境压力和变化的负面影响。适应性强的运动员通常表现出较强的认知灵活性和情绪调节能力，能够迅速识别环境变化的核心挑战，并采取有效策略调整以平衡内外压力。在面对复杂的比赛场地或陌生的气候条件时，运动员可以迅速调整心理状态，预判可能的问题并采取应对措施，如改变训练节奏或调整比赛策略。灵活的适应能力不仅帮助运动员减少外部环境变化带来的负担，还提高了自我效能感和情绪稳定性，从而保持较低的心理疲劳水平。

环境优化通过改善运动员的物理和心理环境，有效减轻心理负荷的积累。提供高质量的训练场地、优化休息和恢复条件、科学规划训练与比赛时间，以及建立支持性团队和社交氛围，都是有效的优化措施。科学的环境优化不仅在生理上减轻负担，更在心理上为运动员提供安全感和归属感，帮助其在高强度运动生涯中获得精神上的缓冲。团队内积极的社交互动，尤其是教练、队友和支持团队的情感关怀，能够为运动员提供情绪支持和理解，减轻孤独感和无助感带来的心理压力。合理的时间管理策略也有助于平衡训练、比赛与个人生活的时间分配，防止因过度训练或压力积累而恶化心理疲劳。

不同运动员对相同环境条件的反应各异，这与个体的心理状态、认知评估能力、情绪调节技巧和适应能力密切相关。个性、过去的经验、心理技能水平以及与外界支持系统的互动质量，都影响运动员在面对环境挑战时的应对方式。虽然相同的外界压力或环境变化会对运动员产生影响，但适应能力较强的运动员能够快速调整并保持良好状态，而适应能力较弱的运动员则可能因压力积累而快速陷入心理疲劳。

第三节　个体差异与疲劳耐受的影响因素

一、个体特质与疲劳耐受的差异

个体特质在心理疲劳的形成和耐受过程中发挥着重要作用,包括性格、情绪和行为倾向等多个方面。个体特质通过影响对压力的认知与反应,进而影响心理疲劳的感受与耐受能力。坚韧性、乐观水平、责任感、外向性和神经质等特质,均在这一过程中起着调节作用。

坚韧性是个体面对逆境时保持积极态度和适应能力的基础。高坚韧性个体通常在面对压力和挑战时展现出较强的内在驱动力,能够坚持不懈地寻找解决方案。积极的心理状态有助于减轻心理疲劳的发生。相比之下,缺乏坚韧性的个体容易在遇到困难时放弃或感到无力,进而加重心理负担,增加疲劳感。

乐观水平同样是影响心理疲劳耐受性的关键因素。乐观的个体倾向于将压力视为成长的机会,而非难以克服的障碍。他们的积极认知风格使其在面对压力时,能够更好地管理情绪,并迅速从不利情境中恢复,降低心理疲劳的感受。此外,乐观者通常采用有效的应对策略,如寻求社交支持或通过幽默缓解压力,这些都能帮助他们保持良好的心理状态,抵御疲劳。

高度责任感的个体通常在面对任务时,会投入更多精力以确保顺利完成。尽管这种付出短期内可能导致心理疲劳的增加,但从长远来看,责任感有助于提升个体的压力应对能力。随着时间的推移,责任感促使个体形成更为系统的应对策略,增强心理韧性,最终提升对压力的耐受力。

外向性高的个体通常更愿意与他人交流,借助社交活动来缓解压力,降低心理疲劳。通过与他人分享情感与经历,他们不仅获得情感支持,还能在互动中获得新的视角和应对方法,有助于保持良好的心理状态。

神经质则直接影响个体的情绪稳定性与心理健康。神经质较高的个体情绪波动较大,压力敏感度较高,面对压力时容易产生焦虑、抑郁等负面情绪,从而增加心理疲劳的风险。与其他性格特质相比,神经质在心理疲劳的耐受性中扮演着更为消极的角色,容易导致个体陷入负面情绪循环,使心理负担加重。

二、个体经验与疲劳耐受的关系

个体经验,包括运动经验、生活经验和心理经验等多个维度,在心理疲劳的感知与应对中起着关键作用。个体经验塑造了个体对压力和挑战的认知方式,从而影响其在面对心理疲劳时的耐受能力。特别是运动经验,对于运动员的心理疲劳具有重要影响。经验丰富的运动员通常能够更好地理解和应对训练与比赛中的心理负荷。在多次的训练与比赛中,他们积累了应对高压环境的策略,如情绪调节、放松训练和恢复方法等。这些策略不仅有助于在高强度训练中维持较低的心理疲劳水平,还能增强心理韧性,使运动员能够在面对挑战时更有效地调节心理状态。

此外,经历过重大生活压力事件的人往往能更好地适应未来的挑战,展现出较强的心理韧性。生活中的压力事件,如职业变动、家庭变故或人际关系问题,促使个体发展出有效的适应机制。这些经验不仅帮助个体更好地理解情感反应,还提升了其应对运动压力的能力。面对比赛中的困难时,运动员能够借助生活经验迅速调整心态,从而减轻心理疲劳的感受。

心理咨询、压力管理培训等经验,能为个体提供实用的应对技巧和策略,帮助其更有效地识别和处理压力源。通过此类培训,个体不仅能获得情绪管理技能,还能学会通过自我反思和自我调整来应对潜在的心理负担。这使得运动员在高强度训练或比赛中,能够更快地识别出心理疲劳的根源,并采取有效的应对措施。

在运动领域,个体经验的多样性使得不同运动员在面对相同的心理负荷时表现出截然不同的反应。例如,一些运动员可能由于丰富的训练经验,能够轻松应对比赛中的高压环境,而其他运动员则可能因缺乏相应经验而感到疲惫不堪。这一差异反映了经验在心理疲劳中的重要作用。因此,提升运动员的个体经验至关重要。通过系统的训练与指导,运动员可以积累更多的实战经验,从而在未来的比赛中更加自信与从容。

此外,日常训练中遇到的挑战和困境为运动员提供了宝贵的学习机会。每一次失利和突破都为运动员积累了经验,通过不断反思与总结,运动员能够形成适合自己的应对策略。这种自我调整能力的提升,使其在面对压力时能够更加灵活应对,从而降低心理疲劳的风险。

随着心理学与运动心理学的不断发展,个体经验不仅影响运动员的心理状态,还对竞技表现产生深远影响。丰富的个体经验能够增强运动员的自信心,提高比赛中的专注度,减轻因紧张与焦虑带来的心理负担。此外,自信心的提升还有助于改善运动员的整体心理健康状态,降低抑郁与焦虑的发生率。

三、个体能力与疲劳耐受的关联

个体能力在心理疲劳的耐受性中涉及认知能力、情绪智力和运动技能等多个维度。认知能力的高低直接影响个体在复杂任务中的表现。具备较强认知能力的个体能够更迅速地分析信息、制定决策并有效分配注意力,使运动员在高压情境下保持思维清晰与灵活,从而避免因信息过载引发的心理疲劳。在需要快速反应或解决问题的情况下,他们通常能够通过有效的策略调整应对方式,降低心理负担,增强自我调节能力。

情绪智力也对个体的心理疲劳耐受性产生重要影响。高情绪智力的人能够准确识别和理解自身及他人情绪的变化，在压力情境下有效管理情绪。当外界压力增加时，这些个体能运用情绪调节策略（如深呼吸、正念冥想等）保持内心平静，从而减轻焦虑或紧张引发的心理疲劳。情绪智力的提升不仅有助于运动员保持专注，还能增强对负面情绪的抵御能力，从而在竞技状态下实现最佳表现。

技术熟练的运动员在执行运动任务时能够更加流畅、高效地完成动作。熟练度减少了对注意力和认知资源的消耗，帮助运动员在压力或疲劳感较大的情况下，仍能自然地执行技术动作，降低心理负荷。例如，篮球运动员在比赛中面对严密防守时，能够凭借丰富的技术储备和场上经验迅速做出决策并实施相应动作。流畅的表现不仅提高竞技效率，还能有效减轻心理疲劳感。

个体能力的综合提升有助于增强自我效能感，即个体对自身完成特定任务能力的信心。能力越强，运动员对自己在比赛或训练中的表现越有信心，从而能以更加积极的心态面对挑战。自信心的提升不仅能减少对失败的恐惧，还能降低心理疲劳的感受，增强在困难情况下的坚持力。

因此，增强个体能力不仅仅是技术训练，还包括心理层面的提升。在运动训练过程中，教练和心理辅导师可以通过系统评估，识别个体的能力特点，并据此制定个性化训练计划。这些训练计划可以帮助运动员在认知、情绪和技能等方面全面提升，从而增强其心理疲劳耐受力。例如，针对认知能力较弱的运动员，可通过情境模拟和决策训练提升其在复杂环境中的应对能力；对于情绪智力较低的运动员，则可引入情绪管理课程，帮助他们在压力情境下保持情绪稳定，减少心理负担。

四、个体偏好与疲劳耐受的互动

个体偏好在运动员的内在动机和满意度中起着关键作用，进而影响他们应对压力的能力。偏好集体训练的运动员通常能在团队环境中获得更多的支持与鼓励，这种积极的社交互动有助于缓解心理疲劳。团队氛围不仅能促进彼此的理解与信任，还能增强运动员的归属感，从而提高他们在面对压力时的韧性。在集体训练中获得的情感支持和激励，能有效转化为训练和比赛中的动力，使运动员在高压环境下保持专注与冷静。

在恢复策略方面，不同运动员对恢复方法的选择可能存在显著差异。某些运动员偏好通过冥想、深呼吸或放松练习等心理调节手段来恢复，这些方法能够有效降低心理紧张，帮助个体恢复内心的平衡与宁静。这类策略强调心理层面的放松，能够在短时间内显著减轻心理疲劳感。另一些运动员则更倾向于通过充足的睡眠和休息来恢复身体与心理状态，这些方式有助于身体的自然修复过程，帮助运动员更好地应对未来的训练与比赛。教练和运动员应充分了解这些偏好，并在训练与恢复中采用个性化策略,以实现心理疲劳管理的最佳效果。

个体偏好不仅体现在训练与恢复选择上,还涉及生活方式的各个方面。例如,某些运动员倾向于选择健康饮食和规律作息,而另一些则可能更喜欢高糖高脂的饮食或不规律的生活方式。健康的生活方式能够为运动员提供必要的营养支持,改善睡眠质量和情绪稳定性,从而增强他们应对心理疲劳的能力。偏好健康生活方式的运动员往往能保持较高的能量水平和较好的心理状态,使他们在高强度训练和比赛中更能抵抗疲劳的影响。

对个体偏好的理解与尊重在运动员的训练与心理辅导中至关重要。通过分析运动员的偏好,教练和心理辅导师能够制定更加个性化的训练和恢复方案,从而有效提升运动员的心理疲劳耐受性。例如,偏好社交互动的运动员可以更多参与团队训练和集体活动,以满足其社交需求;偏好独立恢复的运动员,则可以通过冥想和放松练习等方式自我调节,提供独立的空间与时间。此外,心理测评工具能够深入分析运动员的个体差异,帮助识别其偏好,并协助教练做出更有针对性的决策。针对不同的偏好,教练可以灵活调整训练内容,确保运动员在训练过程中获得最大程度的投入与享受,从而有效降低心理疲劳感。

五、个体差异的综合分析与疲劳耐受

个体差异的综合分析在理解心理疲劳耐受性时,涉及生理、心理、行为和社会多个层面的互动。这些差异不仅影响个体的能量水平和恢复能力,还决定了其在面对压力与挑战时的心理状态和应对策略。

首先,生理差异是个体间最为显著的差异之一。例如,年龄对心理疲劳耐受性有着深远影响。年轻运动员通常拥有更高的能量水平和更快的恢复能力,而年长运动员由于代谢率下降和身体机能衰退,常在高强度训练或比赛后感受到更明显的心理疲劳。此外,性别差异在心理疲劳的表现上也具有一定作用。男性和女性在生理构造与生理反应上的不同,使得在面对相同的心理压力时,男性通常展现出更多的竞争性,而女性则倾向于寻求社交和情感支持,这些不同的应对方式会直接影响各自的心理疲劳感受。

其次,个体的动机水平、自我效能感和压力应对方式是影响心理疲劳耐受性的关键因素。动机水平较高的运动员往往能够更好地应对训练和比赛带来的压力。内在驱动促使他们在困难面前保持积极心态与高昂斗志;自我效能感的提高使个体相信自己具备应对挑战的能力,从而减少焦虑与无力感,有效降低心理疲劳的发生。压力应对方式也对心理疲劳产生重要影响。采用积极应对策略(如问题解决、寻求帮助)的运动员,通常能更快恢复心理状态;倾向于消极应对(如逃避或自责)的个体,容易陷入心理疲劳的恶性循环。

同时,良好的训练习惯和合理的饮食也能显著提升个体的体能与心理韧性。

规律的训练不仅能提高身体素质，还能增强心理适应能力，使运动员在面对压力时表现出更强的耐受性。饮食习惯对身体能量供应与恢复有直接影响，均衡的饮食有助于改善整体健康状况，进而增强心理承受能力。同时，充足的睡眠对于认知资源的恢复至关重要。缺乏睡眠会导致注意力下降、情绪波动和认知功能受损，增加心理疲劳的风险。因此，保持良好的睡眠模式是运动员抵抗心理疲劳的重要因素。

最后，社会支持、文化背景和竞争环境对心理疲劳的耐受性产生深远影响。充足的社会支持能够提供情感慰藉和实际帮助，尤其在面对高压挑战时，具有重要作用。运动员在团队环境中获得的情感支持和认同感，有助于缓解心理疲劳，增强应对压力的能力。文化背景也影响个体的心理状态与应对策略。不同文化对压力的定义和应对方式各异，某些文化更鼓励开放表达情绪和寻求社会支持，而另一些则强调独立与自我管理，这些文化观念会影响运动员在压力情境中的表现和心理疲劳的体验。此外，竞争环境的不同，如比赛的激烈程度、观众的期待和媒体关注，也会对运动员的心理状态产生重要影响，从而影响其心理疲劳的耐受性。

第四节　运动项目类型对心理疲劳的调节

一、运动强度与心理疲劳的关联

运动强度对心理疲劳的影响是生理、心理和行为多层面相互作用的结果。运动强度通常指单位时间内的运动负荷量，既反映了运动过程中的身体能量消耗，也对运动员的心理状态产生一定影响。高强度运动要求运动员在短时间内调动大量肌肉力量和精神集中力，这种高负荷状态迅速消耗认知资源，显著增加心理疲劳的风险。比如，在短跑、举重等项目中，运动员需要瞬间爆发最大力量，完成极具挑战性的任务，导致认知资源消耗剧烈，进而产生强烈的心理疲劳，表现为注意力下降、情绪不稳定等症状。

与高强度运动相比，中低强度的运动，如慢跑、太极拳、瑜伽和骑自行车等，认知资源消耗较为均匀，且逐渐累积。运动员可以通过调节运动节奏和策略，更有效地管理认知资源，从而减缓心理疲劳的积累。中低强度运动为运动员提供了更大的心理调节空间，允许他们在长时间的运动中自我监控和调整，保持心理稳定和专注。这类运动不仅提升身体耐力，还能训练运动员的心理耐力，增强对心理疲劳的抵抗能力。

运动员对运动强度的主观评价也会影响心理疲劳的感知。在进行高强度运动时，运动员往往感受到显著的生理压力和心理负担，这不仅源自生理疲惫，也与对自己表现的期待与评估相关。若心理承受能力不足,运动员会经历较高的焦虑和情绪波动,甚至影响后续的训练与比赛表现。相反,对于中低强度运动,运动员在长时间的持续运动中锻炼出的自我调节能力,使其能够更好地应对心理压力,展现更强的适应性。

运动强度对心理疲劳的影响还受到训练背景和个体差异的调节。经历过高强度训练的运动员通常具备较强的适应能力,对心理疲劳的承受力更强。相对而言,对于新手或未经过高强度训练的运动员,面对相同强度的运动时,其心理疲劳感受可能更加明显。因此,训练设计应考虑运动员的适应能力与心理承受力,以避免过度的心理疲劳影响训练效果。

此外,运动员的心理策略和认知方式也会调节运动强度对心理疲劳的感知。高强度运动要求运动员在极限状态下做出高效决策,而中低强度运动则允许更多思考和调节的时间。若运动员能够有效运用心理调节技巧,如积极自我暗示、情绪管理和专注力训练,他们能在高强度运动中更好地控制心理疲劳水平。这些技巧的训练,不仅提升比赛表现,也能帮助运动员在面对高强度训练时减少心理疲劳的产生。

二、运动节奏与心理疲劳的互动

运动节奏不仅涉及运动的快慢与强度,还包括运动与休息之间的平衡和交替。在团队运动中,如篮球和足球,运动员需要频繁进行攻防转换,快速且高强度的运动模式要求运动员迅速调整心理状态,以适应不断变化的比赛需求。高节奏的运动增加了运动员的心理负担,因为运动员在短时间内必须集中注意力、做出判断并执行战术,这极易导致心理疲劳的积累。

在高节奏环境下,若运动员未能有效管理情绪和认知资源,常常会出现注意力分散、焦虑加剧和决策失误等现象,进一步影响整体表现。尤其在对抗性团队运动中,局势瞬息万变,运动员不仅需要具备身体的灵活性,还需具备高水平的心理适应能力。频繁的攻防切换使运动员持续承受压力,尤其在比赛高潮阶段,心理疲劳的程度尤为明显。高强度、高节奏的运动模式常导致运动员在比赛后期因身体疲劳与心理紧张的交织而出现表现下降。因此,教练应帮助运动员提升快速调整心理状态的能力,建立有效的心理应对机制,以应对高强度比赛带来的心理疲劳。

与团队运动不同,个人耐力项目(如马拉松、自行车赛和游泳等)中的运动员拥有更多自主权,可以根据自身体能和策略调整运动节奏。这种自我调节能力使运动员在长时间的身体消耗中,能够有效管理认知资源。在长跑中,运动员可以通过调整呼吸、步频和配速来控制体能使用,从而减少心理疲劳的积累。通过灵活调整节奏,运动员不仅能够促进心理的放松与恢复,还能提高耐力项目中的表现,增强心理韧性。自我调节能力提升了运动员在面对长时间身体消耗时的掌控感,帮助其更好地应对心理疲劳。

运动节奏的自我调节还可体现在训练模式的设计上。适当的训练节奏安排,结合高强度与低强度的交替,可以在提高体能的同时,减少心理疲劳的影响。例如,高强度训练后安排恢复性运动,或在长时间的耐力训练中穿插短暂的高强度冲刺,有助于促进运动员的心理适应和疲劳恢复。这种训练设计不仅为运动员提供多样化的体验,也能帮助其更好地适应不同强度的心理压力。

此外,运动节奏的控制还受到社交因素和团队氛围的影响。在团队运动中,良好的团队沟通与默契可以促进节奏的协调,使运动员在比赛中感受到支持与安全感,从而减轻节奏变化带来的心理疲劳。相反,紧张的团队氛围和沟通不足则可能导致运动员在快速节奏切换时产生不安与心理负担,影响表现与心理状态。因此,团队管理者应在训练与比赛中营造积极的团队氛围,增强运动员在高节奏环境中的适应能力,促进心理健康。

三、运动类型与心理疲劳的差异

运动类型对心理疲劳的影响,往往表现出个体运动和团队运动的显著差异。个体运动如田径、游泳和体操等,要求运动员在长时间的高强度体能消耗下保持持续专注和自我调控能力。由于缺乏团队的情感支持和互动,个体运动员通常承受更高的心理负担,既来源于对自身表现的期望,也来自于独自面对失败和压力的孤独感。在长期独立训练的过程中,运动员不断应对内在的孤独感和持续的心理压力,这会加速心理疲劳的积累。尤其在比赛的关键时刻,个体运动员无法依赖外界支持,所有决策和结果都由个人承担,这种高度自我负责的运动形式使心理负担更加沉重。

在个体运动中,心理疲劳的管理难度较大,运动员需要具备高度的自我调节能力。以游泳为例,运动员在训练中常常面临单调重复的动作,容易产生心理疲惫感,进而影响训练效果。此外,个体运动员还需面对来自外界的成绩期待与内在驱动力之间的矛盾,双重压力会放大心理疲劳的效应。因此,个体运动员需要额外的心理调节技巧,如通过冥想和放松训练来释放压力,或通过培养自我激励和增强自我效能感来提升耐受力,从而减少心理压力对训练和比赛的负面影响。

而团队运动如篮球、排球和橄榄球等,为运动员提供了更多的社会互动和情感支持,从而使心理疲劳表现有所不同。团队运动不仅依赖个人能力,还需要与队友紧密合作和沟通。团队协作能够分担个人的心理负担,因为每个队员的表现直接影响整个团队的成绩,责任的分散有助于减轻个体的心理疲劳。此外,团队成员之间的情感支持使得运动员在面对比赛压力时能够获得缓解,进而更好地应对高压情境。

团队运动中的合作和沟通，不仅有助于提升整体比赛表现，还在减轻心理负担方面发挥了重要作用。运动员通过互相帮助和配合，能够在压力中保持冷静，并共同制定应对策略。集体智慧和情感纽带使运动员在面对困难时能够寻求外部支持，从而有效减缓心理疲劳的累积。例如，在篮球比赛中，队友之间的积极互动和情感支持能有效缓解个人的紧张感；排球运动员则依赖队友的指挥与协调来避免孤立无援的心理状态。

尽管团队运动提供了更多心理支持，但也存在特殊的心理疲劳来源。由于团队运动需要频繁的互动和沟通，队员之间的协调不当或出现失误时，可能会增加额外的心理负担，特别是在比赛中出现不默契或失误时，运动员会感受到来自团队的额外压力，这不仅影响个人表现，也加剧心理疲劳的积累。因此，除了团队支持和协作，教练和管理者需要帮助运动员建立有效的沟通机制，鼓励正向互动，避免因失误或压力产生负面情感的累积。

四、运动目标与心理疲劳的影响

运动目标通常分为长期目标和短期目标。长期目标指向运动员在训练周期或比赛期间希望达成的宏大愿景，而短期目标则是可以在较短时间内实现的小目标。明确且具有挑战性的目标能激发运动员的内在动机，促进其在训练和比赛中的努力与投入，进而提升个人能力。然而，过于苛刻或难以实现的目标也会带来心理负担，导致压力和挫败感，从而加剧心理疲劳的累积。

在追求高度期望目标的过程中，运动员常常面临巨大的外部和内部压力。外部压力来源于教练、队友、媒体和观众等对成绩的期待，内部压力则来自运动员自身对完美表现的渴望。当目标设定过高，且运动员未能实现预定目标时，往往会经历情绪低落、自我怀疑和疲惫感等负面心理反应，这些反复出现的心理状态逐渐消耗运动员的认知资源，形成心理疲劳。因此，设定合理且可达成的目标至关重要。

在目标设定时，运动员可采用 SMART 原则（具体性、可衡量性、可实现性、相关性、时间限制性）。通过将长期目标分解为短期目标，运动员能够在实现小目标的过程中获得成就感，增强自信心并减轻压力。例如，在马拉松训练中，运动员可以设定每周跑步的距离为短期目标，逐步增加距离以接近整体比赛目标。这样不仅合理安排了训练计划，还能减少因目标过高带来的心理负担。

运动员在目标管理过程中应重视自我反馈与调整。随着训练和比赛环境的变化，运动员的身体状况、心理状态和技术水平也会发生变化，因此需要灵活地调整目标，以保持目标的挑战性和可实现性。自我反馈帮助运动员清晰地认识到自身的进展与不足，并适时调整目标，以适应新的环境。在比赛前期，运动员可以根据训练效果和身体状况适当降低目标的难度，避免因过大心理负担导致的焦虑与疲劳。

除了调整目标本身，运动员还应采取有效的心理调节策略来减轻心理疲劳的影响。冥想、放松训练和积极自我暗示等心理调节技巧，能帮助运动员在面对挑战时保持冷静和专注。通过有效的心理调节，运动员不仅能够增强对目标的适应能力，还能提高在高压环境下的心理耐受性，从而在实现目标的过程中减少心理疲劳。

在团队运动中，团队目标不仅关乎个人表现，还涉及整体协作和团队成绩。在这种环境中，目标的设定需要考虑每位成员的能力和角色分配，确保目标合理且可行。通过团队内部的沟通与协作，运动员可以相互支持，共同应对挑战，进而减轻因目标压力带来的心理疲劳。教练在其中扮演着关键角色，需要为运动员提供适当的指导和支持，帮助团队成员明确目标并设立合理的心理预期。

五、运动项目的综合考量与心理疲劳

运动项目的综合考量不仅涉及训练和比赛策略的系统性设计，还包括运动强度、节奏、类型和目标等多因素的相互作用。这些因素共同决定了运动员的心理疲劳水平及其耐受性，因此，科学制定训练计划和比赛策略是确保最佳心理健康与运动表现的基础。

高强度训练虽然能够有效提升运动员的体能和技术水平，但如果缺乏合理管理，容易导致认知资源的过度消耗，从而增加心理疲劳的风险。教练在安排训练时，必须根据运动员的个体情况科学调整训练强度，避免心理负荷过大，同时，运动员的反馈也应成为重要参考，以优化训练计划。

不同运动项目的节奏特性各异。团队运动要求运动员不断适应快速变化的比赛节奏，而耐力项目则更强调持久性与自我调节。在长时间高强度活动中，运动员需灵活调整训练节奏，合理管理认知资源。例如，在长跑训练中，运动员可以通过改变跑步速度和节奏，控制生理与心理压力，进而降低心理疲劳的发生频率。

个体运动与团队运动在心理疲劳的体验和应对方式上存在显著差异。个体运动依赖运动员的自我调节，孤立的训练环境可能加剧心理疲劳；团队运动通过社交支持和情感联结缓解心理负担。在选择运动项目时，运动员和教练应考虑个体差异和偏好，以选择最适合的运动类型，提升心理韧性。

合理的目标设定能激发运动员的动力，但设定过于苛刻的目标则可能导致压力和疲劳的积累。运动员应将长期目标细化为短期目标，通过逐步实现小目标来保持动力，减少心理疲劳。在目标设定过程中，灵活调整目标以应对不断变化的环境和自身状况至关重要，这有助于防止因目标设定过高而产生心理负担。

除了运动项目的综合考量，心理技能训练和恢复策略对提升运动员的心理耐受性也至关重要。心理技能训练，包括自我暗示、放松技巧和集中注意力等，有助于运动员在高压环境中保持冷静和专注。通过定期的心理训练,运动员可以更好地应对挑战,减少心理疲劳。训练后恢复不仅仅是身体上的放松,心理恢复同样重要。充足的睡眠、适当的营养摄入和心理放松练习等恢复策略能够有效缓解心理疲劳,提升运动员的整体表现。

为了实现运动项目的综合考量,教练、运动心理学家和运动员需密切合作,制定个性化的训练计划和心理干预措施,定期监测和评估运动员的心理疲劳水平,及时调整训练内容与目标。这种协作不仅优化运动员的心理状态和运动表现,还能通过建立支持性的团队环境,增强运动员对心理疲劳的抵抗力,保持良好的心理健康。

运动员的自我反思和反馈机制也应得到重视。训练和比赛后的自我评估能够帮助运动员识别疲劳水平和情绪状态,并为下一次训练做好调整。通过团队讨论和心理辅导,运动员可以更好地理解自身的心理需求,促进团队间的信任与支持,进一步降低心理疲劳的风险。

第七章　运动性心理疲劳的应用研究

第一节　竞技运动中的心理疲劳测量与应用

一、竞技运动中心理疲劳的测量方法

在高强度和高竞争的运动环境中,准确的测量能够有效帮助教练和运动员理解疲劳水平,并为制定相应的训练和恢复计划提供依据,心理疲劳的测量方法可分为主观量表、行为测量和生理反馈等多种类型,每种方法各具特点,能够从不同角度反映运动员的心理状态。

(一)主观量表

在开发针对运动员职业倦怠的量表之前,许多体育学者借用了 Maslach 等人(1981)开发的工作倦怠量表(Maslach Burnout Inventory,MBI),该量表在心理测量学上具有较好的信效度。他们提出,职业倦怠是以情绪耗竭、去个性化、个人成就感低为特征的心理性疾病。然而,部分研究者指出,MBI 量表最初是针对服务业设计的,难以直接适用于体育领域。因此,针对运动员倦怠的研究逐渐发展出专门的量表。

Eades(1990)基于 Maslach 等人的倦怠定义,编制了运动员倦怠问卷(Eades Athletes Burnout Inventory,EABI)。该量表根据运动员倦怠的不同症状进行设计,然而,一些心理学研究指出,EABI 的因素结构未必完全与其定义一致,特别是"运动员感知教练的期待"以及"运动成就感"两个维度的可靠性存疑。

随后,Raedeke 等人(2001)开发了运动员职业倦怠量表(Athlete Burnout Questionnaire,ABQ),该量表在设计时更加注重运动员在倦怠状态下的身体疲劳和对训练态度的变化。Raedeke 提出,运动倦怠可分为三个维度:情感/体力的耗竭、成就感降低及对运动的负面评价。该量表至今在体育心理学研究中得到广泛应用,并已成为评价运动员心理疲劳的重要工具(表 7-1)。

表 7-1　运动员职业倦怠量表

序号	题目	从没有	很少	有时	经常	总是
1	这个赛季我做了很多值得欣慰的事情					

表 7-1(续)

序号	题目	从没有	很少	有时	经常	总是
2	训练使我很疲倦以至于没有精力去做其他的事					
3	我花在训练比赛上的努力用来做其他事可能会更好					
4	在训练、比赛中感到极度疲劳					
5	我没有取得更好的成绩					
6	我不像以前那样关心运动成绩了					
7	我发挥不了自己的运动水平					
8	我快要垮掉了					
9	我不能像以前那样专心地比赛了					
10	我感觉体力不支					
11	我不再像以前那样关注在比赛中能否取得胜利					
12	我感到运动使我身心疲惫					
13	在运动中我无所谓是否能发挥出自己应有的水平					
14	在运动中我有成功的快乐					
15	在运动中我有抵触情绪					

(二)行为测量

行为测量通过观察和记录运动员的行为表现来间接评估心理疲劳,涉及多种测试,包括反应时间、注意力集中度和协调能力等。行为测量的优势在于其客观性,能够通过具体的行为数据反映运动员的心理状态。连续性能测试(Continuous Performance Test,CPT)旨在评估运动员的注意力集中程度。CPT 测试中,运动员需在屏幕上快速反应,对特定刺激做出反应。心理疲劳的表现通常体现在反应时间的延长和错误率的增加,能够有效指示运动员的心理状态,该测试的结果可以通过式(7-1)计算:

$$反应时间=\frac{总反应时间}{反应次数} \tag{7-1}$$

同时,协调性测试也可用于评估运动员的心理疲劳,通过对运动员在协调性任务中的表现进行分析,如平衡能力和手眼协调,教练可以获得运动员在高压环境下的心理适应能力(表 7-2)。

表 7-2　行为测量方法

测试名称	主要指标	评估方式
连续性能测试	反应时间、错误率	行为表现
协调性测试	平衡能力、手眼协调	行为表现

（三）生理反馈

生理反馈测量方法通过监测运动员的生理指标来评估心理疲劳，提供了客观的数据支持。常用的生理指标包括心率变异性（HRV）、皮肤电活动（EDA）和脑电波（EEG），能够反映自主神经系统的活动，作为心理疲劳的生理标志。心率变异性（HRV）是评估心理压力和疲劳状态的重要生理指标。HRV 通过分析心跳间隔的变化，能够揭示心脏自主神经系统的平衡状态。一般而言，HRV 降低与心理疲劳和压力状态相关联，运动员在应对挑战时的生理负担加重。

皮肤电活动（EDA）则通过测量皮肤电反应的变化来评估运动员的心理状态。情绪波动和心理压力通常会导致皮肤电反应的显著变化，因而可以作为心理疲劳的一种生理标志。脑电波（EEG）监测则通过分析运动员在不同心理状态下的脑电活动模式，提供更为精细的心理疲劳评估。EEG 的频谱分析能够揭示运动员在训练和比赛过程中的认知负担及心理疲劳程度（表 7-3）。

表 7-3　生理反馈测量方法

测量方法	主要指标	评估方式
心率变异性（HRV）	心率变化、压力状态	生理反馈
皮肤电活动（EDA）	皮肤电反应变化	生理反馈
脑电波（EEG）	脑电活动模式	生理反馈

二、心理疲劳在竞技运动中的应用策略

在竞技运动中，减轻心理疲劳对运动员表现的负面影响是提升其竞技状态的关键。有效的应用策略应通过科学方法与实践手段，提升运动员的心理韧性与表现能力。常见的策略包括认知行为干预、运动心理学咨询、恢复策略和环境调整等，所有这些策略的实施目标是为运动员提供全面的支持，帮助他们在高强度训练和竞争中保持最佳状态。

认知行为干预是一种系统性的方法，旨在通过改变运动员的思维模式和行为习惯来减轻心理疲劳。此类干预通常由经过专业训练的运动心理学家进行，重点在于帮助运动员识别并重塑负面认知模式。运动员在比赛或训练中常常面临焦

虑、压力和自我怀疑等情绪，这些负面情绪直接影响他们的表现。认知行为干预通过训练运动员使用积极的自我对话和心理图像来应对这些情绪。例如，运动员可以在面对压力时，通过自我鼓励的语言激励自己，如“我已经为此付出了努力”或“我能应对任何挑战”。此外，放松训练技术，如深呼吸、渐进性肌肉放松等，也被证明能有效缓解生理和心理上的紧张感。认知重构的一个示例公式如式(7-2)：

$$新思维=旧思维+合理解释 \tag{7-2}$$

运动员通过引入合理的解释来取代旧的负面思维，从而实现心理状态的转变(表7-4)。

表7-4 认知行为干预的组成部分

干预方法	目标	实施方式
正面自我对话	减少焦虑、增强自信	训练和比赛前的自我暗示
放松训练	缓解压力、降低紧张感	深呼吸、渐进性肌肉放松
心理图像	增强表现、自我调节	想象成功的场景

运动心理学咨询则侧重于提供个性化的心理支持，帮助运动员处理与训练和比赛相关的心理问题。在此过程中，心理咨询师通过倾听运动员的诉说，识别其内心的冲突与障碍，并提供相应的建议和指导。心理咨询不仅限于对焦虑和压力的处理，还包括应对挫折、提升自信心和增强心理韧性等方面。个性化的心理支持能够让运动员在面对比赛压力时更具弹性。尤其在运动员经历失败时，可以通过咨询帮助其分析失利的原因，从而制定新的目标和改进策略，并通过式(7-3)加以描述：

$$心理支持=倾听+引导+反馈 \tag{7-3}$$

通过倾听运动员的诉说，咨询师能够准确把握其心理需求，进而提供有针对性的建议和反馈(表7-5)。

表7-5 运动心理学咨询组成部分

咨询内容	目标	方法
倾听与理解	增强信任与安全感	开放式交流
倾听与理解	增强信任与安全感	开放式交流
技能训练	提高应对能力	认知行为干预
目标设定	增强动力与方向感	SMART目标设置法

恢复策略包括睡眠管理、营养补充和物理恢复方法(如按摩和水疗等)，旨在

帮助运动员在高强度训练和比赛后有效恢复心理和生理功能。良好的睡眠质量是恢复的基础,睡眠不足不仅会影响运动员的身体状态,还会加剧心理疲劳。因此,运动员应建立良好的睡眠习惯,例如在固定时间上床睡觉,并保持舒适的睡眠环境。适当的营养补充为运动员提供必需的能量和营养素,支持身体和心理的全面恢复。营养学的一个基本公式为式(7-4):

$$\text{能量摄入}=\text{基础代谢}+\text{活动能量消耗} \tag{7-4}$$

此公式强调了能量平衡的重要性,运动员应确保摄入的能量能够满足其日常活动和训练的需求(表7-6)。

表7-6　恢复策略组成部分

恢复方法	目标	实施方式
睡眠管理	提升恢复效果	固定作息时间、良好睡眠环境
营养补充	补充能量与营养素	合理膳食、适时补充
物理恢复方法	缓解肌肉紧张、提升灵活性	按摩、冷热疗法

环境调整旨在优化训练和比赛环境,以减少外部压力源并营造一个更加具备支持性和放松的氛围。教练通过合理安排训练计划,避免运动员在高强度训练后出现疲劳积累。例如,通过调整训练的强度和频率,确保运动员得到充足的休息和恢复时间。此外,减少媒体曝光和提供更多私人空间,也有助于降低运动员的心理负担。在比赛或训练期间,教练通过及时的积极反馈和鼓励,可以有效提升运动员的自信心和心理状态,从而增强他们应对挑战的能力。环境适应的模型可表示为式(7-5):

$$\text{环境适应}=\text{积极氛围}+\text{结构化训练}+\text{支持性反馈} \tag{7-5}$$

在此模型中,积极的环境和反馈能够促进运动员的心理适应,提高其在比赛中的表现(表7-7)。

表7-7　环境调整策略

调整策略	目标	实施方式
训练时间表调整	降低疲劳积累	合理安排训练时间
媒体曝光管理	减少外部干扰	限制媒体接触频率
提供积极反馈	提升自信与积极性	及时给予鼓励与支持

三、心理疲劳对竞技表现的影响分析

心理疲劳对竞技表现的影响复杂且显著,涵盖了运动员的注意力、决策能力、技术执行和情绪状态等多个关键因素。竞技体育对运动员的心理要求极高,心理疲劳往往源于长时间的高强度训练、比赛压力及比赛中对高度集中和自我调节能力的消耗。心理疲劳不仅会影响身体表现,更直接影响运动员的整体竞技能力。

注意力是运动员在比赛中迅速获取和处理信息的基础。心理疲劳通常会导致注意力分散,使运动员难以集中精力于比赛的关键环节。这种注意力的缺失会在多种情境下显现,尤其在需要高度集中和快速反应的项目中,如足球和篮球的快攻。此时,运动员可能会出现判断失误或反应滞后,从而失去得分机会。在长时间的比赛过程中,运动员的注意力容易受到环境干扰,心理疲劳使他们难以抵抗外界的分心因素,进而影响比赛表现。根据注意力资源理论,注意力是有限的认知资源,当心理疲劳加剧时,运动员可用的注意力资源减少,导致信息处理效率下降,最终影响竞技表现(表 7-8)。

表 7-8 心理疲劳对注意力影响表现

注意力表现	影响因素	结果
反应时间延长	注意力不集中	判断失误
注意力分散	环境干扰、心理负荷	失去机会
任务完成度下降	认知资源消耗	表现不稳定

决策能力是运动员在比赛中迅速评估局势并采取相应行动的关键能力。心理疲劳会导致运动员在决策时出现错误,表现为过度依赖简单反应,而缺乏对复杂局势的深思熟虑。这一现象在需要快速判断和多种选择的运动中尤为突出。例如,在足球比赛中,运动员需在瞬息万变的局势下迅速做出传球、射门或变换跑位的决策。心理疲劳使运动员可能无法准确评估最佳选择,导致战术执行不当,进而影响比赛结果。疲劳状态下,决策质量显著下降,尤其是风险评估能力减弱,运动员容易陷入惯性思维,无法灵活应对比赛中的变化(表 7-9)。

表 7-9 心理疲劳对决策能力影响

决策表现	影响因素	结果
选择错误	心理疲劳、信息处理不当	战术执行失误
应变能力降低	认知资源消耗	无法适应比赛变化
缺乏战略性思考	注意力分散、情绪波动	表现不稳定

技术执行是运动员在比赛中展现技能水平的关键。心理疲劳对技术执行的影响通常表现为动作的不协调或出现失误，尤其在需要高精度和细节控制的运动项目中，如体操、乒乓球和射击等。心理疲劳状态下，运动员可能无法在关键时刻精准控制动作，进而影响比赛成绩。在疲劳状态下，运动员的动作可能变得不稳定，技术细节出现失误，整体表现也受到影响。长时间的心理疲劳可能导致运动员的运动模式发生改变，无法达到平时的技术水平（表 7-10）。

表 7-10　心理疲劳对技术执行影响的表现

技术表现	影响因素	结果
动作不协调	精力不足、注意力分散	技术失误
动作精准度降低	心理负荷、疲劳累积	成绩不理想
技术细节把控不佳	身体与心理状态不匹配	无法发挥最佳水平

心理疲劳还会显著影响运动员的情绪状态，导致焦虑、沮丧和动力不足，这不仅影响运动员的训练和比赛表现，还可能对其日常生活产生负面影响。情绪波动使运动员在比赛中容易失控，进而影响表现的稳定性。在焦虑状态下，运动员常常表现出过度担忧和自我怀疑，进而削弱自信心和竞技表现。在竞技体育中，情绪管理的有效性与运动员的表现密切相关，而疲劳状态下情绪的不稳定性使运动员难以维持最佳心理状态（表 7-11）。

表 7-11　心理疲劳对情绪状态影响的表现

情绪状态	影响因素	结果
焦虑增加	心理负荷、压力	表现波动
动力不足	精力消耗、心理疲劳	训练积极性降低
沮丧感增强	失利、技术失误	自信心降低

四、心理疲劳与运动表现的关联研究

近年来，心理疲劳与运动表现的关系成为竞技体育领域的热点研究课题。心理疲劳不仅影响运动员的情绪状态，还直接干扰其技能执行和竞技成绩。心理疲劳通常源于长时间的高强度训练或比赛压力，运动员在经历疲劳时，往往表现出明显的运动能力下降。大量实证研究验证了心理疲劳与运动表现之间的负相关关系。当运动员的心理疲劳水平上升时，技能执行的准确性、稳定性和效率均显著下降。在长时间的训练或比赛后，运动员会经历更大的心理疲劳，导致技术动作执行中的错误，进而影响比赛成绩。心理疲劳状态下，运动员的反应时间延长，动作协调性降低，表现受到显著影响。这种影响在需要高度集中注意力和精确技术的项目中尤为明显，如体操、射击和游泳等。

除了对运动技能的影响，心理疲劳还与运动损伤的风险密切相关。心理疲劳导致运动员的注意力下降和判断失误，从而增加意外受伤的可能性。心理疲劳状态下，运动员的协调能力和反应速度受到抑制，导致他们更难应对突发情况。此外，心理疲劳还会影响运动员的心理韧性和抗压能力，使他们在面对竞争压力时容易产生焦虑和自我怀疑，进而影响运动表现。

为了深入探讨心理疲劳与运动表现之间的关系，研究者采用了多种研究方法，包括横断面研究、纵向研究和实验研究。横断面研究通过对不同运动员群体的心理疲劳水平与运动表现的对比，揭示了两者之间的普遍关联性。纵向研究则跟踪运动员在不同训练阶段和比赛周期的心理疲劳变化，发现心理疲劳对运动表现的影响具有时间依赖性，为理解其动态变化及长期影响提供了重要视角。实验研究通过模拟训练和比赛情境，控制变量，观察心理疲劳对运动表现的即时影响。例如，研究者采用心理疲劳诱导技术，在心理压力下让运动员完成技术任务，评估其表现变化。此类研究不仅为探索心理疲劳的影响提供了直接证据，也为制定干预措施提供了理论依据。

在应用层面，为减少心理疲劳对运动表现的影响，运动心理学家和教练可以根据运动员的个性和实际情况设计个性化的心理干预方案。这些方案可以包括放松训练、心理技能训练和心理恢复策略，旨在提高运动员对心理疲劳的认知和应对能力。通过正念、冥想等方法，运动员可以提高自我意识，调节情绪和焦虑，从而改善注意力和专注力。此外，合理的训练安排、适当的休息和恢复时间对降低心理疲劳积累至关重要，能够有效维护运动员的整体表现。

五、心理疲劳干预在竞技训练中的作用

随着竞技体育水平的不断提升，有效的心理疲劳干预措施能够帮助运动员应对训练和比赛中的压力，减轻心理疲劳的负面影响，从而提升训练效果和竞技表现。这些干预措施旨在增强运动员的心理韧性，优化心理状态，提升整体福祉，并为运动员的长期发展奠定基础。

心理疲劳干预的实施通常包括多种策略，旨在根据不同的心理挑战和个体需求设计个性化方案。心理技能训练是干预措施的核心，主要包括认知重构、目标设定、自我激励和注意力控制等技巧。认知重构帮助运动员识别并调整负面思维模式，从而提升自我效能感和积极情绪。例如，运动员可以通过训练将消极自我对话转化为积极自我鼓励，增强心理韧性。目标设定强调制定清晰且可达成的短

期和长期目标,帮助运动员专注于具体任务,提升动机和自信心。自我激励技巧使运动员在面对挑战时保持积极态度,有效应对心理疲劳带来的困扰。注意力控制训练则帮助运动员在高压环境下保持专注,更好地应对比赛中的复杂情况。

恢复策略是心理疲劳干预的重要组成部分,包括睡眠管理、营养补充和放松训练。充足的睡眠对于运动员的心理和生理恢复至关重要,能够显著提高注意力、决策能力和情绪稳定性。制定个性化的睡眠计划,帮助运动员在训练和比赛期间保持最佳状态。营养补充关注运动员在训练期间的饮食选择,适当的营养摄入不仅支持身体恢复,还能提高心理表现。放松训练,如深呼吸、渐进性肌肉放松和冥想,有助于缓解压力,降低心理疲劳水平,从而提升整体表现。

运动员在训练和比赛中常面临多重压力,包括成绩压力、外界期望和个人目标等。识别这些压力源并采取相应措施进行管理至关重要。压力管理可以通过引导运动员进行自我反思和情绪调节,帮助他们找到适合自身的应对策略,从而降低心理负担。教练和心理咨询师应共同为运动员提供支持,通过定期的心理辅导和反馈,帮助他们建立有效的应对机制,以应对训练和比赛中的各种压力。

由于每位运动员的心理特征和需求各不相同,干预措施应根据他们的具体情况进行调整。有些运动员可能需要更多的心理支持以应对比赛压力,而另一些则可能更需要身体恢复方法来应对训练疲劳。在干预过程中,教练和心理学家应与运动员保持密切沟通,深入了解他们的需求,制定个性化的训练和干预方案,最大程度地发挥心理疲劳干预的效果

第二节　运动员长期训练中的疲劳干预研究

一、长期训练中心理疲劳的干预

在长期训练过程中,心理疲劳的干预旨在通过系统化的策略减轻运动员的心理疲劳,从而提升其训练效率和竞技表现。这一干预过程综合运用了认知行为干预、恢复策略、环境调整以及个性化支持等多个方面,以全面管理和优化运动员的心理状态。

认知行为干预强调通过改变运动员对训练和比赛的认知方式来减轻心理疲劳,通常包括认知重塑、自我对话和情绪调节等技巧。通过认知重塑,运动员能够识别并挑战负面的思维模式,转变对训练压力和比赛挑战的看法。自我对话技巧则促使运动员使用积极的自我陈述来增强自信心和动机,通过积极语言和心态促进心理韧性。情绪调节技巧帮助运动员在面对压力时采取有效的应对策略,从而有效管理焦虑和沮丧等负面情绪。这些认知行为的改变不仅能减轻心理负担,还能提升运动员在训练和比赛中的表现。

恢复策略侧重于帮助运动员在高强度训练后身心的全面恢复，主要包括确保充足的睡眠、科学的营养补充、有效的放松训练和必要的物理治疗。充足的睡眠已被证明是维持心理健康的重要因素，它有助于促进大脑恢复，从而提高注意力、反应速度和决策能力。营养补充则关注运动员在训练和比赛期间的饮食选择，适当的营养不仅支持身体的生理恢复，还能对心理状态产生积极影响。放松训练，如冥想和渐进性肌肉放松，能够帮助运动员释放紧张情绪，缓解心理疲劳。物理治疗则通过针对性地缓解身体紧张和疼痛，帮助运动员在生理层面恢复活力。通过这些恢复策略，运动员能够更快地从心理疲劳中恢复，保持良好的训练状态，并在关键时刻展现最佳表现。

环境调整旨在优化运动员的训练和比赛环境，减少外部压力源。这包括合理调整训练计划，确保训练强度和频率适宜，从而防止过度训练导致的心理疲劳。同时，改善训练设施和条件，为运动员提供一个更舒适和支持性的环境，有助于提高他们的训练积极性和效率。减少媒体曝光和外部压力，使运动员能够更专注于自身的训练和比赛，避免不必要的心理负担。提供更多的社交支持也是至关重要的，鼓励运动员与教练、队友和心理咨询师进行有效沟通，可以增强团队的凝聚力和运动员的心理安全感，使他们在面临挑战时更加自信。

个性化支持则强调根据运动员的个体差异设计干预措施，确保每位运动员获得适合其特征的支持。考虑到不同运动员在性格、心理需求和应对机制上的差异，个性化干预方案能够更有效地满足运动员的具体需求。例如，对于自我要求较高的运动员，更多的心理疏导和情绪支持有助于缓解由过高期望带来的压力；对于在比赛中表现出较强焦虑情绪的运动员，则可以通过心理放松训练和情绪调节技巧来减轻心理负担。教练和运动心理学专家的密切合作能够确保个性化支持与运动员长期发展目标相契合，从而促进其心理健康和竞技能力的全面提升。

二、心理疲劳干预的长期效果评估

心理疲劳干预的长期效果评估是一项系统性工作，旨在衡量干预措施在一定时间内对运动员心理状态和表现的持久影响。这项评估不仅关注干预措施的即时效果，还深入分析其对运动员心理健康和竞技表现的持续改善。评估过程通常涵盖多个维度，包括心理状态的监测、训练和比赛表现的分析以及运动员的反馈收集。

在心理状态监测方面，定期使用心理量表和行为测试为评估运动员的心理疲劳水平提供重要依据。这些量表通常涵盖疲劳感、情绪状态、动机水平和心理韧性等方面，能够全面反映运动员的心理状态。例如，使用 ABQ 量表等自我评估工具可以定期评估运动员的情绪波动和疲劳程度。行为测试，如注意力反应测试和反应时间测量，能够提供心理疲劳对运动员注意力和反应能力的具体影响。这些监测工具不仅帮助跟踪运动员在不同时间段的心理疲劳水平变化,还为干预策略的及时调整提供科学依据。

训练和比赛表现的分析通过收集运动员在训练和比赛中的多项数据,评估干预措施对运动表现的具体影响。这些数据包括技术统计,如击球准确率、投篮命中率等,比赛成绩如时间、分数和名次,以及生理指标如心率和乳酸水平等。这些数据共同构成了运动员表现的全面评价,能够反映心理疲劳干预对运动员竞技能力的影响。长期跟踪这些数据,能够揭示运动员表现的趋势,为教练和运动员提供持续改进的方向。

运动员反馈的收集通过问卷调查和访谈进行,能深入了解运动员对干预措施的看法和感受。反馈结果为评估干预的接受度和有效性提供有力支持。问卷调查可以涵盖运动员对干预措施的满意度、对心理状态变化的自我感受及对训练和比赛表现的主观评价;访谈则可以提供更为细致的反馈,包括运动员对具体干预措施的反应、实施过程中的挑战和建议等。这些反馈有助于教练和运动心理学专家了解运动员的真实需求,从而优化后续的干预措施。

通过综合心理状态监测、训练和比赛表现分析及运动员反馈收集,构建起全面的评估体系能够系统性地评估心理疲劳干预的长期效果。定期的数据跟踪和分析可以及时发现运动员心理状态的变化,确保干预措施始终符合运动员的实际需求,为教练和运动心理学专家提供科学依据,从而不断优化干预策略,实现对运动员心理健康和竞技表现的持续关注与提升。

此外,长期效果评估还应考虑外部环境和个体差异对运动员心理疲劳的影响。环境因素,如训练场地、团队氛围和比赛压力等,可能对运动员的心理状态产生影响。在评估过程中,必须综合考虑这些外部因素的作用,以确保评估结果的准确性和全面性。个体差异,如运动员的性格特征、应对机制和心理需求等,也会影响干预效果的持久性。因此,在进行长期效果评估时,应根据不同运动员的特点,设计个性化的评估指标和策略,以更好地反映他们的实际情况。

三、心理疲劳干预与训练负荷的关系

训练负荷通常分为生理负荷和心理负荷。生理负荷指运动员在训练中承受的身体压力,而心理负荷则关注运动员在此过程中产生的心理反应。适当的训练负荷有助于提高运动员的体能和技术水平。然而,当训练负荷超过运动员的承受能力时,心理疲劳的风险会显著增加。心理疲劳不仅会影响运动员的专注力和决策能力,还可能导致技术执行的不准确,从而影响竞技表现。因此,心理疲劳干预成为减轻训练负荷对运动员心理状态影响的重要策略。

有效的心理疲劳干预旨在通过科学的方法帮助运动员应对训练负荷带来的压力。常见的干预措施包括调整训练计划、引入恢复策略和提供心理支持等方面。周期化训练是一种行之有效的策略，通过设定不同的训练阶段，能够将训练负荷分配到各个阶段，使运动员有机会适应不同的训练强度和类型。在这样的训练安排下，适时的休息和调整尤为重要。休息日应根据运动员的个人状况进行优化安排，以确保他们能够从高强度的训练中充分恢复，防止过度疲劳的积累。

在恢复策略方面，心理疲劳干预通过多种方式促进运动员的身心恢复。例如，合理的营养补充、心理放松训练和良好的睡眠管理都是提升运动员恢复能力的重要因素。营养摄入不仅提供身体所需的能量，帮助恢复体能，同时也能显著改善心理状态。心理放松训练（如冥想或深呼吸练习）可以帮助运动员有效管理压力和焦虑，从而提高心理韧性。优质睡眠是恢复过程中的关键，充足的睡眠有助于提升运动员的情绪状态和认知功能，使其能够更好地应对后续的训练和比赛挑战。

心理疲劳干预还应着重提升运动员的适应能力，以应对不断变化的训练负荷。运动员的时间管理能力和自我激励技巧直接影响其对训练负荷的应对能力。通过时间管理培训，运动员能够更有效地规划训练与恢复时间，合理分配精力，避免因时间压力导致的心理疲劳。同时，增强自我激励和情绪调节技巧对于心理适应至关重要。运动员可以通过设定可实现的短期目标和长期目标，增强成就感和积极性，提升应对挑战的信心。情绪调节训练有助于让运动员在面对压力时保持冷静，从而做出更为理性的决策。

在实际训练中，教练和运动心理学专家不仅需要关注运动员的生理状态，还应及时了解其心理状态的变化。通过与运动员的沟通与互动，教练可以为运动员提供个性化的心理支持，帮助他们在训练负荷加大时保持良好的心理状态。定期的心理评估有助于及时发现运动员的心理疲劳迹象，从而为干预措施的调整提供数据支持，确保运动员在高负荷训练下保持最佳心理状态。

四、心理疲劳干预的个性化方案设计

心理疲劳干预的个性化方案设计专注于运动员的独特需求，旨在提供量身定制的支持与指导，强调系统的评估与分析。个性化干预方案的核心在于充分理解运动员在心理疲劳方面的具体挑战，通过全面评估运动员的心理状态、训练负荷、生活方式、身体健康状况及个人心理特点等多维度信息，确保干预措施的精准性与有效性。

评估过程通常包括问卷调查、访谈和观察等方法，教练和心理专家通过这些手段收集运动员在不同情境下的反应和表现，形成详细的背景资料，为后续干预方案的制定奠定基础。这些信息不仅帮助识别运动员的心理疲劳水平，还能揭示其潜在的心理需求和压力源。

在了解运动员的基本情况后，干预方案将依据评估结果，针对性地解决运动员的具体问题。例如，对于因高强度训练而感到焦虑和沮丧的运动员，认知行为疗法（CBT）可以作为一种有效的干预方式。通过帮助运动员识别并调整负面思维模式，CBT 能够提升其应对压力的能力，进而改善心理状态。对于需要特定恢复策略的运动员，可以通过放松训练、冥想和深呼吸练习等方式，帮助缓解心理疲劳，并促进身体的恢复。

在训练计划的设计上，采用周期化训练方法，合理安排训练负荷与恢复时间，以确保运动员在保持良好竞技状态的同时，有足够的恢复时间，从而避免心理疲劳的过度积累。此外，环境优化在个性化方案中也是至关重要的一环。运动员的训练与比赛环境直接影响其心理状态，因此在制定个性化方案时，需要通过调整环境因素来减少外部压力源，创造一个支持性更强的氛围。例如，减少媒体曝光、调整训练时间表、提供更多私人空间等，均能显著提升运动员的舒适感和专注力。在环境调整上，依据不同运动员的偏好和需求，确保每位运动员都能在最适宜的环境中进行训练和比赛。

在个性化方案的实施阶段，定期监测与评估其效果至关重要。通过建立持续反馈机制，运动员的心理状态变化、训练表现和对干预措施的反馈将得到及时收集与分析。这不仅帮助教练和心理专家识别干预措施的有效性，还为方案的优化提供依据。运动员的自我反馈同样重要，通过问卷、访谈等形式收集运动员的体验和建议，有助于进一步完善干预方案。

个性化方案的动态调整机制确保了干预措施的灵活性和适应性。当运动员在某一阶段感受到额外的压力或疲劳时，可以迅速进行方案调整，增加恢复频率或引入新的放松技术，以适应运动员当前的需求。这种灵活的调整方式保证了干预方案能够在整个训练和比赛周期中持续有效。

第三节　心理疲劳监测技术在训练设计中的应用

一、心理疲劳监测技术的选择与应用

在进行心理疲劳监测技术选择时，需综合考虑准确性、可靠性、易用性及成本效益等多个因素。不同监测方法各具优势和局限，选择适当的技术将有助于更有效地识别和管理运动员的心理疲劳。

主观问卷调查作为最广泛应用的心理疲劳监测工具，精心设计的量表能够迅速收集运动员的心理疲劳状态信息。尽管问卷调查具有操作简便、成本低廉等优点，但其主要依赖运动员的自我感知，因此可能受到情绪波动和主观判断的影响。为确保问卷的准确性和信度，设计时需遵循科学原则，并在合适的情境下使用。常见的主观监测工具包括运动员疲劳量表（ABQ）等，可以有效评估运动员的情

绪、动机和心理疲劳水平。

生理指标监测通过测量心率、血压、皮肤电反应等生理参数,为评估心理疲劳状态提供客观数据。生理指标的变化通常与心理疲劳紧密相关,心率变异性(HRV)被广泛应用于运动员恢复状态和心理负荷的评估,心率的波动性能够反映自主神经系统的功能状态,从而揭示运动员的心理负荷情况。通过监测这些生理信号,教练和运动员可以获得直观的信息,进而调整训练强度和恢复策略。

认知功能的变化,尤其是在注意力、记忆力和反应速度等方面,常常是心理疲劳的直接表现。专业的认知测试工具,如 Stroop 测试或反应时测量,可以帮助识别运动员在心理疲劳状态下的认知下降,及时发现潜在问题并采取相应的干预措施。认知测试不仅有助于评估运动员的心理状态,还能提供训练设计和调整的有力依据。

情绪评估工具,如情绪量表或情绪日记,能够有效追踪运动员在不同训练阶段的情绪波动情况,并揭示情绪状态与心理疲劳之间的关系。通过对运动员情绪的系统分析,教练可以获得运动员的心理状态数据,为个性化干预方案的制定提供基础。情绪波动的监测有助于教练和运动心理学专家及时调整干预策略,优化运动员的心理健康管理。

在选择监测技术时,必须考虑运动员的个体差异,如年龄、性别、运动项目、训练水平和心理素质等。例如,对于耐力型运动员,心率恢复速度和乳酸积累情况的监测尤为重要,这些生理数据能够反映其在高强度训练后生理和心理的恢复状态。而对于力量型运动员,肌肉疲劳的评估与力量输出的变化则显得更为关键。根据运动员的不同特点,选择最适合的监测技术能够提供更精确的疲劳数据,助力运动员在训练中的持续进步。

随着科技的发展,可穿戴设备和其他实时监测技术的应用逐渐普及,这些技术可以为运动员提供即时的生理和心理反馈。通过实时数据的获取,运动员和教练可以及时调整训练和恢复策略,确保运动员在训练过程中的心理和生理状态得到有效调控。实时监测不仅提高了监测的灵活性,还能够为训练计划的动态调整提供依据,确保训练负荷和恢复时间的科学分配。

为了提高心理疲劳监测的准确性和全面性,越来越多的实践开始采用多种技术相结合的方式。例如,结合主观问卷调查与生理监测技术,形成一个综合评估体系,可以更全面地反映运动员的心理状态。这种多维度的监测策略有助于更好地捕捉运动员在不同训练阶段的心理疲劳变化,并为教练提供更精准的指导。在实际应用中,教练与运动心理学专家应密切合作,根据运动员的具体需求选择合适的技术,定期进行监测并及时分析数据,以确保干预措施的有效性。

通过对心理疲劳状态的持续监测,运动员能够在训练和比赛中维持较高的竞技状态,最大限度地减少心理疲劳对训练效果和竞技表现的负面影响。教练和运动心理学专家需要结合科学数据和运动员的反馈，优化训练设计和恢复策略，以帮助运动员有效应对训练中的心理疲劳，提升其整体表现。

二、心理疲劳监测数据在训练设计中的利用

心理疲劳监测数据能够为训练设计提供重要依据。通过全面评估运动员的心理疲劳水平，教练可以制定个性化的训练计划。具体而言，当监测数据显示某位运动员的心理疲劳较高时，教练可采取相应措施，如减少训练强度、延长恢复时间，或引入放松和减压活动，从而帮助运动员更好地适应训练负荷，防止疲劳积累及过度训练。

此外，监测数据还为训练效果评估提供了支持。通过比较训练前后的心理疲劳水平，教练可以客观评估训练计划的效果，发现潜在问题并及时调整。如果训练周期结束时运动员的心理疲劳未能按预期降低，教练需重新审视训练内容与强度，探索是否需要增加恢复活动或调整训练负荷。

通过对连续几天的心理疲劳水平监测，教练可以识别疲劳上升趋势，提前采取措施预防过度训练的发生。如果监测结果表明运动员的心理疲劳持续升高，说明当前训练安排不符合恢复需求，教练应考虑缩短训练时间或增加休息日，以确保运动员的心理和生理得到充分恢复。

在运用心理疲劳监测数据进行训练设计时，还需考虑运动员的个体差异，如性格、适应能力和心理韧性等，这些因素会影响运动员对训练负荷的感知与反应。因此，教练应结合运动员的个性特点，制定更具针对性的训练方案。分析数据与个体需求之间的关系，可以更有效地调整训练，使运动员在提高训练效率的同时，减少心理疲劳对表现的负面影响。

数据驱动的训练设计还应包括定期反馈与沟通机制。有效的沟通可以提升训练计划的执行效果，教练可通过定期反馈会议了解运动员对训练安排的感受，将运动员的主观体验与监测数据结合，从而形成全面的评估体系。这不仅有助于运动员表达心理状态，还能增强其对训练安排的认同感，提高训练积极性。

随着科技的进步，越来越多的监测工具和方法被引入运动训练中。使用可穿戴设备实时监测运动员的生理指标和心理状态，可以为训练设计提供及时的数据支持。将生理数据与心理疲劳监测结合，教练可以获得更全面的运动员状态评估，进一步优化训练计划。实时反馈使运动员能够及时调整训练状态，更好地应对心理疲劳挑战，保持最佳的训练状态。

在实际训练中，定期评估和更新监测数据，结合运动员在不同训练阶段的表现，能够帮助教练持续优化训练方案。动态调整机制能有效应对运动员状态的变化，帮助运动员更好地适应不同的训练负荷，确保训练设计始终符合运动员的需求。

三、心理疲劳监测与训练负荷调整

心理疲劳监测与训练负荷调整密切相关,通过科学的数据分析与实时反馈,优化运动员的训练方案。监测运动员的心理疲劳状态有助于教练深入了解其心理与生理状况。在训练过程中,运动员的心理疲劳水平直接影响表现与恢复能力。定期监测能够为教练提供准确的心理数据,进而在必要时调整训练策略,促进运动员的全面发展。

训练负荷的调整涉及训练强度、训练量和训练频率等方面。当监测数据显示运动员的心理疲劳水平较高时,教练可选择降低训练强度、减少训练量并延长恢复时间,这不仅能防止运动员身心健康受损,还能提供充分的恢复机会,使运动员在后续训练和比赛中恢复至最佳状态。这种方式既可避免过度训练的风险,又能保证训练的有效性与持续性。

在实际应用中,心理疲劳监测有助于教练识别运动员的疲劳周期。运动员的心理疲劳水平通常呈周期性变化,受训练负荷、比赛安排、生活习惯和心理状态等多重因素影响。通过长期监测,教练可以掌握运动员的疲劳模式,合理安排训练计划,确保在心理疲劳高峰期避免安排高强度训练。例如,如果监测数据显示某运动员在特定训练周期内心理疲劳水平持续上升,教练可以适时调整训练内容,以减少心理压力,并避免在运动员状态不佳时进行高强度训练。

实时监测可以为教练提供即时反馈,帮助其迅速响应运动员状态的变化。这种反馈机制使得教练能够灵活应对训练中的突发情况,及时调整训练负荷。如果监测数据显示运动员在训练后出现明显的心理疲劳增加,教练可立刻选择适度减轻训练负荷或增加恢复措施,从而避免潜在的负面影响。

此外,监测数据的有效利用不仅限于训练调整,还能支持运动员的个性化发展。通过分析心理疲劳与训练负荷之间的关系,教练可以为每位运动员制定专属的训练计划,确保训练负荷与其承受能力相匹配。这不仅考虑运动员的技术水平和竞技目标,还综合其心理适应能力,从而提升训练效果。

在长期训练过程中,监测结果还能帮助评估运动员的适应能力与心理韧性。通过对比不同阶段的心理疲劳水平与训练效果,教练能够识别运动员在适应训练负荷中的变化,制定相应的强化措施。例如,对于在高负荷训练中表现出较高心理疲劳的运动员,教练可引入更多的心理支持和恢复策略,帮助运动员逐步适应更大的训练压力。

四、心理疲劳监测技术在团队运动中的应用

心理疲劳监测技术使教练能够细致评估每位运动员的心理疲劳水平,从而根据运动员的角色与职责制定个性化训练方案。在团队运动中,每位运动员在场上

的角色和所面临的心理压力各不相同。心理疲劳监测可以清晰识别运动员在比赛与训练中的疲劳模式,不仅优化训练计划,还能有效管理运动员的心理健康,确保其在高强度比赛中保持最佳表现。

以篮球和足球为例,战术安排和比赛节奏通常要求某些运动员承受较大的心理压力。进攻核心运动员和防守核心运动员的心理疲劳水平直接影响整体团队表现。通过实时监测关键运动员的心理状态,教练可以适时调整训练强度与恢复策略,防止过度疲劳或情绪崩溃。运动员的心理状态直接影响决策能力、反应速度和团队协作,监测系统为教练提供必要的数据支持,帮助其在关键时刻保障运动员的最佳表现。

团队氛围与个体心理状态密切相关,良好的团队氛围能提升士气和合作能力,而心理疲劳的累积往往导致团队成员间的紧张关系。通过评估整个团队的心理疲劳水平,教练可以识别潜在的心理问题,及时干预与调整。如果监测显示团队整体疲劳水平过高,可能是训练负荷过重、团队沟通不畅或比赛压力过大,教练可据此采取相应措施,如调整训练安排、增加团建活动或引入心理辅导,以增强团队凝聚力与心理韧性。

在实际应用中,心理疲劳监测可以通过多种方式评估运动员的心理状态,包括主观问卷、心理测评、身体指标监测和生理参数分析等。通过这些技术手段,教练可以全面了解运动员的心理状态,从而制定科学的训练计划。对于需要承受较高心理压力的运动员,如承担关键任务的球员,通过心率和皮肤电反应等生理参数监测,教练能够实时评估其心理负担,并据此调整训练内容或安排适度休息。定期的心理疲劳监测还能帮助评估运动员的适应能力与心理韧性,随着赛季的推进,运动员的心理状态可能会受到多种因素的影响。监测数据能帮助教练识别不同阶段的疲劳模式和心理适应情况,从而优化训练负荷与恢复策略,提升运动员在长期竞争中的表现。

参 考 文 献

[1] BARBEE J. Association of Coach, Peer, and Parent-initiated Motivational Climate with Burnout and Engagement[M]. Greenville: East Carolina University, 2020.

[2] BRENNINKMEIJER V, VANYPEREN N. How to Conduct Research on Burnout: Advantages and Disadvantages of a Unidimensional Approach in Burnout Research [J]. Occupational and Environmental Medicine, 2003, 60(suppl 1): i16-i20.

[3] COAKLEY J. Burnout among Adolescent Athletes: A Personal Failure or Social Problem? [J]. Sociology of sport journal, 1992, 9(3): 271-285.

[4] CRESSWELL S L, EKLUND R C. The Athlete Burnout Syndrome: Possible Early Signs[J]. Journal of Science and Medicine in Sport, 2004, 7(4): 481-487.

[5] DALE J, WEINBERG R. Burnout in Sport: A Review and Critique[J]. Journal of Applied Sport Psychology, 1990, 2(1): 67-83.

[6] EKLUND R C, DEFREESE J D. Burnout in Sport and Performance[M]. Oxford UK: Oxford University Press, 2017.

[7] EKLUND R C, DEFREESE J D. Athlete Burnout [J]. Handbook of Sport Psychology, 2020: 1220-1240.

[8] FARBER B A. Crisis in Education: Stress and Burnout in the American Teacher [M]. San Francisco: Jossey-Bass, 1991.

[9] FRICK E S. Where's the Fire? An Exploratory Study of Athlete Burnout in Division III Cross-country Runners[D]. Minnesota: University of Minnesota, 2019.

[10] GOODGER K, GORELY T, LAVALLEE D, et al. Burnout in Sport: A Systematic Review[J]. The Sport Psychologist, 2007, 21(2): 127-151.

[11] GUSTAFSSON H, DEFREESE J D, MADIGAN D J. Athlete Burnout: Review and Recommendations[J]. Current Opinion in Psychology, 2017, 16: 109-113.

[12] GUSTAFSSON H, HANCOCK D J, CÔTÉ J. Describing Citation Structures in Sport Burnout Literature: A Citation Network Analysis[J]. Psychology of Sport and Exercise, 2014, 15(6): 620-626.

[13] GUSTAFSSON H, KENTTÄ G, HASSMÉN P. Athlete Burnout: An Integrated Model and Future Research Directions[J]. International Review of Sport and Exercise Psychology, 2011, 4(1): 3-24.

[14] HJÄLM S, KENTTÄ G, HASSMÉNAN P, et al. Burnout among Elite Soccer

Coaches[J]. Journal of Sport Behavior,2007,30(4):415-427.

[15] HONKONEN T, AHOLA K, PERTOVAARA M, et al. The Association between Burnout and Physical Illness in the General Population: Results from the Finnish Health 2000 Study[J]. Journal of Psychosomatic Research,2006,61(1):59-66.

[16] KALIMO R, PAHKIN K, MUTANEN P, et al. Staying Well or Burning out at Work: Work Characteristics and Personal Resources as Long-Term Predictors [J]. Work & Stress,2003,17(2):109-122.

[17] KELLEY B C, EKLUND R C, RITTER-TAYLOR M. Stress and Burnout among Collegiate Tennis Coaches[J]. Journal of Sport and Exercise Psychology,1999, 21(2):113-130.

[18] LINDBLOM K M, LINTON S J, FEDELI C, et al. Burnout in the Working Population: Relations to Psychosocial Work Factors[J]. International Journal of Behavioral Medicine,2006,13:51-59.

[19] LONSDALE C, HODGE K, ROSE E. Athlete Burnout in Elite Sport: A self-Determination Perspective [J]. Journal of Sports Sciences, 2009, 27 (8): 785-795.

[20] MASLACH C, JACKSON S E. The Measurement of Experienced Burnout[J]. Journal of Organizational Behavior,1981,2(2):99-113.

[21] MSAOUEL P, KERAMARIS N C, TASOULIS A, et al. Burnout and Training Satisfaction of Medical Residents in Greece: Will the European Work Time Directive Make a Difference? [J]. Human Resources for Health,2010,8:1-11.

[22] RAEDEKE T D, SMITH A L, KENTTä G, et al. Burnout in Sport: From Theory to Intervention[J]. Positive Human Functioning from a Multidimensional Perspective: Promoting Stress Adaptation,2014,1:113-141.

[23] RAEDEKE T D, SMITH A L. Development and Preliminary Validation of An Athlete Burnout Measure[J]. Journal of Sport and Exercise Psychology,2001, 23(4):281-306.

[24] TARIS T W, BAKKER A B, SCHAUFELI W B, et al. Job Control and Burnout across Occupations[J]. Psychological Reports,2005,97(3):955-961.

[25] WOODS S, DUNNE S, GALLAGHER P, et al. A Systematic Review of the Factors Associated with Athlete Burnout in Team Sports[J]. International Review of Sport and Exercise Psychology,2022,11:1-41.

[26] 爱德华·桑代克. 教育心理学简编[M]. 张奇,译. 北京:中国人民大学出版社,2015.

[27] 林岭,王华叶. 运动性心理疲劳研究[M]. 北京:中国书籍出版社,2012.

[28] 尚倩. 基于心理负荷的生产效率研究[M]. 杭州:浙江大学出版社,2017.
[29] 张连成,张力为,阳海英,等. 运动性心理疲劳的测量与评价研究进展[J]. 中国运动医学杂志,2012,31(2):180-185.
[30] 陈作松,周爱光. 运动员倦怠的测量与 ABQ 的初步修订[J]. 体育科学,2007,(8):66-70,75.
[31] 李薇,朱健文. 竞技运动教练职业压力、职业承诺与职业倦怠的关系[J]. 体育学刊,2019,26(3):65-71.
[32] 殷小川,薛祖梅. 竞技运动项目教练工作倦怠量表编制[J]. 心理学报,2009,41(6):545-556.
[33] 李治中,王坤,朱颖文. 心理疲劳对高水平游泳运动员运动成绩的影响研究:来自行为和 EEG 的关联性证据[J]. 武汉体育学院学报,2023,57(8):70-76.
[34] 刘红豆. 感恩、团队内人际关系对运动员心理疲劳的影响及心理训练研究[D]. 重庆:西南大学,2023.
[35] 王宏图,陈超杰,马冀飞. 正念干预对速度滑冰运动员心理疲劳的影响:心理弹性的中介作用[J]. 体育教育学刊,2024,40 (3):66-74,95.
[36] 黄雅婷. 教练对运动员心理疲劳应对策略分析:基于基本心理需求理论 [J]. 内江科技,2024,45 (5):93-95.
[37] 宋堉菁,宋宇琦,徐浩,等. 有氧健身操舞对医学生心理疲劳与学业倦怠的影响[J]. 河北北方学院学报(自然科学版),2024,40(4):49-51.
[38] 杨杰锋. 乒乓球运动员赛前心理状态监测及调控方法研究[J]. 辽宁体育科技,2024,46(2):73-78.
[39] 李杰,庞研,刘世瑾,等. 青年武术散打运动员竞赛状态焦虑对心理疲劳的影响研究:以 2022 年第八届世界青少年武术锦标赛为例[J]. 河南师范大学学报(自然科学版),2024,52 (2):139-145.
[40] 刘灿钰,杜熙茹,孟祥仪. 啦啦操运动员偶像崇拜与心理疲劳的相关研究[J]. 体育科技文献通报,2024,32 (1):183-186.
[41] 周荣跃. 高中体育特长生运动性心理疲劳特征:3 组运动成绩段的实验对比研究[J]. 青少年体育,2023,(12):93-96.
[42] 刘晓雨,张俐. 渐进性放松对青年军人心理疲劳干预的效果研究[J]. 江苏预防医学,2023,34 (5):639-641.
[43] 李治中,王坤,朱颖文. 心理疲劳对高水平游泳运动员运动成绩的影响研究:来自行为和 EEG 的关联性证据[J]. 武汉体育学院学报,2023,57 (8):70-76.
[44] 陈晓欣. 心理疲劳对飞镖运动表现的影响及潜在神经机制[D]. 上海:上海体

育学院,2023.

[45] 尚尧,杨世勇.社会支持对举重运动员心理疲劳的影响:双重中介模型与性别差异[J].山东体育学院学报,2023,39 (3):99-107.

[46] 杨翡翠.反刍思维对运动员心理疲劳的影响:特质焦虑的中介作用[D].重庆:西南大学,2023.

[47] 高天.短期心理疲劳对网球运动员正手击球落点预判的影响研究[D].沈阳:沈阳体育学院,2023.

[48] 刘华茹.大学生运动员运动性心理疲劳的 Meta 分析及实验研究[D].北京:中国矿业大学,2023.

[49] 田丝雨.自我概念清晰性与游泳运动员心理疲劳的关系:心理坚韧性与投入的链式中介作用[D].济南:山东大学,2023.

[50] 何可心.教练营造的激励氛围对大学生运动员主观活力感和心理疲劳的影响:以运动激情为中介[D].杭州:浙江工商大学,2023.

[51] 陈沛华.9-12 岁竞技体操运动员周期训练中运动性心理疲劳的变化及影响因素分析[D].福州:福建师范大学,2023.

[52] 蒋文杰.南京市高校篮球教练领导行为对运动员训练满意感、心理疲劳的影响研究[D].南京:南京体育学院,2023.

[53] 马祎萌.云南省射击运动员运动性心理疲劳及其影响因素研究[D].昆明:云南师范大学,2023.

[54] 刘嘉豪."运动员—教练关系"及"训练比赛满意感"对"心理疲劳"的影响[D].成都:成都体育学院,2023.

[55] 王宏图.正念对速度滑冰运动员心理疲劳的影响及干预研究:心理韧性的中介作用[D].石家庄:河北师范大学,2023.

[56] 黄刚.正念训练对青少年射击运动员心理疲劳影响的实验研究[J].辽宁体育科技,2023,45 (3):114-119.

[57] 田杰.教练领导行为对高校高水平篮球运动员运动心理疲劳的影响机制研究[D].金华:浙江师范大学,2023.

[58] 邹朝顺,谢红,赵虹,等.精神追踪范式与高中体育特长生运动性心理疲劳的关系:应对自我效能感作为中介作用的调控模型[J].体育师友,2022,45(4):60-63.

[59] 李娜.正念训练对青少年中长跑运动员心理疲劳的干预研究[D].乌鲁木齐:新疆师范大学,2022.

[60] 张华明.大学生跆拳道运动员备赛训练期间肠道菌群与运动性心理疲劳的变化及相关性研究[D].重庆:西南大学,2022.

[61] 姜开轩.南京市青少年排球运动员运动性心理疲劳、运动动机、运动投入关

系研究[D].苏州:苏州大学,2022.
[62] 唐元元.重庆市中学生田径运动员运动性心理疲劳诱因研究[D].重庆:重庆师范大学,2021.
[63] 宋天意.运动员应对自我效能、应激、运动性心理疲劳的关系及干预研究[D].重庆:西南大学,2021.
[64] 王丽格.南京高校高水平排球运动员运动性心理疲劳及影响因素研究[D].南京:南京师范大学,2020.
[65] 张涵.青少年羽毛球运动员自我效能感与运动性心理疲劳的关系及其干预研究[D].石家庄:河北师范大学,2020.
[66] 马倩颖,吴瑞林,王亚猛,等.基于动作捕捉的减重条件下心理疲劳状态测量技术[J].航天医学与医学工程,2019,32(4):291-298.
[67] 张娜,魏运展,衣龙燕,等.经颅直流电刺激对篮球运动员运动疲劳后运动技能习得的影响[J].中国运动医学杂志,2024,43(12):939-947.